周蓓 主编

『民國專題史』叢書

(日)朝永三十郎 著

蔣方震 譯

河南人民出版社

近世我之自覺史

主要论述『我』之发现，及其与中世纪教权、国家、自然机械的人生观、理想主义之间的关系和问题

圖書在版編目(CIP)數據

近世我之自覺史／(日)朝永三十郎著；蔣方震譯. —
鄭州：河南人民出版社，2016.4(2017.1 重印)
(民國專題史叢書／周蓓主編)
ISBN 978-7-215-10042-8

Ⅰ. ①近… Ⅱ. ①三… ②蔣… Ⅲ. ①哲學史-歐洲
Ⅳ. ①B5

中國版本圖書館 CIP 數據核字(2016)第 079707 號

河南人民出版社出版發行
(地址：鄭州市經五路 66 號　郵政編碼：450002　電話：65788063)
新華書店經銷　　河南新華印刷集團有限公司印刷
開本 710 毫米×1000 毫米　1/16　印張 10.25
字數 160 千字
2016 年 4 月第 1 版　　2017 年 1 月第 3 次印刷

定價：64.00 圓

出版前言

中國現代學術體系是在晚清西學東漸的大潮中逐步形成的。至民國初建，中央政治權威進一步分散和削弱，加之新文化運動帶給國人思想上的空前解放，新學的啓蒙，新知識分子的産生，民國學術如草長鶯飛，進入一個自由而蓬勃的時代。中國傳統學科乃中國學術之根基與菁華所在，民國學人采用『取今復古，别立新宗』之方法，引入西方的學術觀念，積極改造，使史學、文學等學科向現代學術方向轉型。此外，大力推介西方社會科學的新學科和自然科學，在學習、借鑒乃至移植西方現代學術話語和研究範式的過程中，逐漸建立中國現代學科，使中國的學科門類迅速擴展。一時間，新舊更迭，中西交流，百花齊放，萬壑争流，開創了中國現代學術的源頭。

伴隨知識轉型和研究範式轉换而來的，還有學術著作撰寫方式的創新。中國古代的著作向來以單篇流傳，經後人整理匯編後，方以成册成集的面目出現并持續傳播。直到十九世紀末，東西方的歷史編撰體裁不外乎多卷本的編年體、紀傳體和紀事本末體等，章節體的出現標志着近代西方學術規範的産生和新史學的興起。章節體具有依時間順序，按章節編排；因事立題，分篇綜論；既分門别類，又綜合通貫的特點。以章、節搭建起論述之框架，結構分明，邏輯清晰，較傳統的撰寫體裁容量大、系統性强。它的傳入，使中國現代學術體系從内容到形式被納入了全球化的軌道。民國時期專題史的研究、譯介、編纂、出版恰恰是在這樣的背景下欣欣而發，是學術的實驗場，也是歷史的記録儀。編選『民國專題史』叢書的初衷正是爲了從一個側面展示中國學術從傳統向現代過渡的歷史進程。

專題史是對一個學科歷史的總結，是學科入門的必備和學科研究的基礎，也是對一個時代艱深新鋭問題的解答，是學術研究的高點。民國專題史著作中，既包含通論某一學科全部或一時代（區域、國别）的變化過程的，又囊括對一時代或一問題作特殊研究的，還有少部分是對某一專題的史料進行收集的。原創與翻譯并重，翻譯的底本大多選擇該學科的代表著作或歐美大學普及教本，兼顧權威性和流行性，其中日本學者的論著占據了相當比重。日本與中國同屬東亞儒家文化圈，他們在接納西方學術思想和研究模式時，已作了某種消化與調適，從思維轉換的角度看，更便于中國借鑒和利用，他們的著作因而被時人廣泛引進。

與當代學術研究日趨專業化、專門化、專家化的『窄化』道路迥乎不同的是，中國傳統學術崇尚『學問主通不主專，貴通人不尚專家』的通識型治學門徑，處于過渡轉型期的民國學術在不同程度上保留了這種特徵。民國學術大師諸學科貫通一脉、上千年縱橫捭闔之功力自不待冗言，外交家著倫理政治史、文學家著哲學史、化學家著戰争史等亦不乏其人，民國專題史研究呈現出開放、融通、跨界撰述的特點。與此同時必須看到，自晚清以來，中國的命運就在外侮屢犯、内亂頻仍的窘境中跌宕彷徨，民族存亡仿若命懸一綫。這股以創建學科、總結經驗、解決問題爲指歸的專題史出版風潮背後，包裹着民國學人企望以西學爲工具拯民族于衰微的探索精神，及以學術救亡的愛國之心。梁任公曾言：『史學者，學問之最博大而最切要者也，國民之明鏡也，愛國心之源泉也。』這種位卑未敢忘憂國的歷史使命感和國民意識是今人無法漠視和遺忘的。

『民國專題史』叢書收録的範圍包括現代各個學科，不僅限于人文社會科學，學科分類以《民國總書目》的分科爲標準，計有哲學、宗教、社會、政治、法律、軍事、經濟、文化、藝術、教育、語言文字、中國文學、外國文學、中國歷史、西方史、自然科學、醫學、工業、交通共19個學科門類。本叢書分輯整理出版，内不分科，單本發行，方便讀者按需索驥。既可作爲大專院校圖書館、學術研究機構館藏之必備資源，也可滿足個人研讀或興趣之收藏。

與目前市場已有的一些專題史叢書相比，『民國專題史』叢書具有規模大、學科全、選本精、原版影印的特點。本叢書選目首重作者的首創、權威和著作影響力，尤其注重選本的稀見性。所謂稀見，即建國後没有再版，且多數圖書館没有收藏，或即便有收藏，也是歸于非公開的珍本之列予以保存，普通讀者難以借閲。部分圖書雖有電子版，但作爲學術研究的經典原著讀本，紙質版本更利于記憶和研究之用。本叢書精揀版本最早、品相最佳的原版圖書作爲底本，因而還具有很高的版本收藏價值。

『民國專題史』的著作是民國學者對于那個時代諸問題之探究，往往有獨到之處，無論其資料、觀點短長得失如何，要之在中國現代學術史的構建與發展進程中，自有其開宗立論之地位。

近世「我」之自覺史

目錄

上篇

近世「我」之自覺史

一名新理想哲學及其背景

朝永三十郎著　蔣方震譯

上篇

一　文藝復興時代「我」之發見

自十五世紀之末迄十七世紀之初元，是爲歐洲人文大革新之期。其革新思潮之見諸事實者爲各種之新發明，而此事實又激蕩其思潮益見進步。新發明之最重要者：第一爲基督教以外之文明。中世紀基教民族與異教民族間，有一種不可逾越之界限，彼歐人以爲；異教者野蠻也，真正文明乃爲基教民族所獨占。故耶穌以前，無文明無歷史，蠻野而已，黑暗而已。教會範圍以外，不惟無真正之『救濟』；抑且無真正之道德與文明。顧文藝復興之潮流則以崇拜古代希臘羅馬之文明爲事。於是上古文明之真價，乃始爲衆人所認識。不惟認識之而已，且以之較諸中古文明，而覺其爲更豐富，更活動，更適合於當時新興民族之性格焉。其次爲地理上之發見。哥侖布則發見美洲，加麥迴航喜望峯而發見印度洋航路，馬加利恩繞南美南端過太平洋，其部下乃續航以歸歐洲，是爲世界週航之始。其在宇宙之形態上，則歌白尼立地動說，經克柏耳加利來綿密之觀測數理之計算而定說以成。此外則哥登堡之於印刷，文西之於物理，天文力學，威得之於解析幾何，尼伯耳之於對數，等種種創說，乃悉起於此時。

是故十六世紀者發明之世紀也。此種發明，皆於思想史及科學史上開一新紀元，其價値可謂至大。然有一事焉，乃較此各種發明爲更重要更根本或逕可指爲各種發明之根本基礎者，則「我」之發見是已。歷史上自中世紀而竟能轉爲近世紀者，以有此我之發見也。近世人文精神上之發達，則亦以此「我」之概念之變遷發展爲宗。此發見之「我」，始而與宗教國家，自然相扞格，繼而及於「我」內部之不平及多數「我」相互之交涉而逐漸明化焉深化焉。此則近史人文史之中心——或至少亦可依此爲中心而攷察近世之人文史——海格爾所謂『歷史者自由意識之漸次發展』者也。

二　中世紀之教權中心主義

中世紀以教權爲中心。以爲教會之教理不可侵，而哲學則教會神學之奴隸而已。人之理性，無獨立之價値；不過爲說明證明宗教上既定教理信條之工具。而此所謂信仰教理者，又悉爲教權所支配；不獨此也，世間一切學問若物理天文心理諸學，亦皆有所謂公認說者，逆之者則加以異端之名，排斥之禁壓之，迫害之。道德亦然，對於教會之意志，則個人之良心，既無權威，亦無價値。其最著者有若辨護赦罪符之辭——『教會者神之代表也。其意志命令絕對代表神意。故教會既曰施捨可以免罪，則衆人當從之。對於自身之道德心，縱有不安；然以個人之道德心，較之教會之宣示——卽神受之啓示，則爲甚小甚微。已經墮落微弱之人類精神，何足以動天神啟示之真理。且啟示之眞理非當初卽爲人心所不滿者乎？』此卽教會辨護其可恥之免罪符發賣之詞也。

故此時代之特徵，不論信仰上，不論學術，道德上，教權則萬能，個人則絕對無價値；一言以蔽之則一切他律是已。然自十五世紀之後半迄十六世紀，則個人覺悟而人人皆知有「我」。哲學不以說明教理爲天職而訴之於『自然之光明』證之以自然之原理。以自己之眼光觀察人生與世界，而其結果始則離教權而爲古學之復興；繼則由古學而自行組織其新哲學。其「我」之覺醒而在科學也，則有天文地理，物理上，諸新發明，遂以開今日物質進步之機。而在道德也，則有反抗免罪符而成宗教改革。而在政治也，則有伊大利日耳曼之民族自覺。而馬營雅弗利，莫阿巴唐金台利等之新政治論新國家論新法治論出焉。

三 我與教權——神祕說（宗教改革及理性哲學之先驅）

十五六世紀之「我」之覺醒也，蓋非他動的而出於自發。蓋本其原有之種子而自法也，故其變動極遲。其革新思潮之濫觴，實遠在十二三世紀以前。而宗教改革之先驅則於中世紀之初元即已存在——即教權中心主義之傍系，自古以來連綿繼續——之神祕說是也。神祕說雖有種種，然其爲反對宗教上之形式，客觀，主理主義而注重個人內部之經驗則全體皆同。教權萬能之世界，其信仰根於教會所規定——即客觀標準——之教理信條。此教理信條爲學校派依論理而組織，而說明，而證明。然中世紀之神祕派乃對此爲不絕之反抗。彼以爲神學教理信條形式非宗教之本體，宗教之真髓乃在個人人內在體驗。吾儕不能依信條教理而識神，吾儕惟以自己之直觀始得與神接近。故斤斤於『三位一體』之論爭者，舍其本而逐末者也。

神祕論亦分二派：其一派，以爲吾人知情意之作用，當其最高潮時代，可以得異常之靈能，而直接於神，是爲超神論，又曰個人論的神祕說。其第二派，則以爲神人之關係，本極密切；神人之本質，本爲一體；故得認神於我身之內，是爲汎神論，又曰超個人的神祕說。前者爲正統主義之神祕說，後者爲自由主義之神祕說。前者以神爲超越一切以個人之性格爲恆常存續，故尊重教會。後者以神爲內在不拘拘於教會之方式。前者以法國爲中心而達依基爾遜爲之魁。後者以德國，荷蘭爲中心而愛克哈得，司河，陶賚爾魯司柏洛克等爲其領袖。故宗教改革之起於日耳曼荷蘭者非偶然也。

德國神祕派中以愛克哈得之影響於後世者爲最大。彼奉德馬司之說而參之以中世初期新柏拉圖派之神祕學者愛利格那之思想，而自成一種組織的神祕哲學。彼以爲一切萬有發源於不可思議之高原而時時自求歸去，故歸於神爲萬有之最終目的。宗教以根於愛此萬有本源之神，故其現象爲普遍的。然真能直現此最終目的者，厥惟人之靈魂。然則靈魂又如何而能歸於神？曰神不遠在彼岸，而近在吾人之心中。吾儕靈魂，一方欲戀着於肉體個性，而同時有欲脫離此而向神以趨。故前者死則後者生。滅有形之我，則神自在我之內。個性者，空也；棄空則一切歸於一。苟至此境，則卽神卽我卽我卽神。除此『人神和合』或「我」之神化外，別無所謂神，吾儕必與神和合，能體驗神之生活，而後能認識真正之神。

愛氏之意又以爲此種神的狀態亦非離吾儕尋常之日用生活而存在；此說蓋愛氏獨創。與新柏拉圖派及原始基教之異常靈感說相異。新柏拉圖派之理想境所謂『愛克司塔司』Extase者，現世唯少數之哲學家爲可能。且僅能於甚少之時實現之。如柏洛梯拿司一生僅得數度云。故『常住』之狀態，新柏拉圖派以爲只能求之於來世。故雖主張卽我卽神，而神乃終在彼岸。聖書中所記神感亦爲超自然的倏忽現象。唯愛氏則以爲神的狀態亦能常現於日常生活中。彼雖不排斥一時的靈感，然以爲此種經驗易蹈於自欺。且真正宗教生活亦不當如彼其倏忽而當恆常永在。故人苟能去其物我，復其神我，而更新其情意，Gesinnung, Gemüth 則由此湧出之一切行動，乃無在而不爲神。而無礙之自由無上之幸福，亦於是乎在。故吾儕能於行住坐臥之間，得神人和合之味，營道德之生活，以享自由及幸福。此種宗教意識之高調的內化與自律化，神的狀態爲理性的自然的（去其感覺的超自然的）則純乎近世之傾向，而爲德人理性哲學之預示也。

直接受愛氏神祕說之影響，其結果則有神友會之宗教運動。Gemeinde der Gottesfreunde 此會於十四十五世紀間，以德之西南部爲中心，其勢力南至於瑞士，北至於荷蘭。所謂『神友』已足表現其神祕之特徵。『神友』『神子』一語皆原之聖經，然其意乃依神祕說而更形深刻。以神爲當敬畏之法官，以人爲律法之奴隸，猶大教之本質也。經耶穌之改革則化爲正義與慈愛，其勢已稍和緩。然律法主義尚爲基教中一種重要契機，中世所謂最後審判永遠責罰是其徵也。而神祕主義乃將此律法根本摧殘。神與人依形而上學的根據（新柏拉圖派學說）以愛相結合。神非遠在天國，以律法裁判人間。神乃在吾人之胸中。吾儕苟能自覺，而迴其物我之心，則神卽在我。此爲汎神論之根本。唯神友會之信仰未必盡如愛克哈得之神祕說，其非正統之傾向較弱，不別組教團教派，其會員，亦有以地方之宗教生活與政治關係而互相衝突者。然其摯烈愛神之情感與夫輕形式而重內徵尊敬虔而主專念，則互相一致。如司河陶賚爾爲愛氏神祕說之繼承者，皆此會會員也。

依此種神祕說及由此而起之宗教運動，於是宗教信仰之內化與自律益增其度，遂以成德國之宗教改革。路德對於愛氏之神祕主義極表同情。且與當時之宗教運動亦有密切之關係。神友會有匿名著作，爲傳布神祕主義之提要書，名曰德國神學 Deutsche Theologie 者；路德於千五百十六年爲之出板；且尊爲聖書，幷謂爲奧古斯丁書外之唯一寶貴之書。蓋神祕說之輕教權，重內徵，其信仰之內化與自律，實爲宗教改革之動機。唯改革之事業既成，則新教又不能不制定其固有之教理與形式，而與當時之神祕精神，又不相合。蓋多數民衆既長時間習慣於教權形式之下，欲其一躍而卽得絕對的自律；其勢固不易也。故宗教的良心，一時雖竭力反抗拘束，而結果乃仍不能不求一客觀之標準。且羅馬舊教旣改良而益增其統一强固之度，隱然成一勁敵。新教對此，乃益不能不力求旂幟之鮮明，與步武之一致；於是新教之教理組織，遂爲當時重要問題。加耳文派則依奧古斯丁司學說，路德派則依亞黑斯多德學說，而亞氏學說則本富於客觀主理的傾向，而與神祕精神相背者也。其結果乃發生一羣新教之神祕派。蓋對於新教之煩瑣客觀形式而不慊焉者也。如斯威弗得，弗蘭格威格爾等皆其代表者而尤以巴梅爲最著名。巴氏之說較愛克哈得尤爲澈底。以爲『神者一切也卽天國卽地獄』故於『惡之起原』及『汎神論』間之調和力求所以深者而二元論之傾向乃益顯著。蓋擴充愛氏人性論之二元論以成世界觀者也。彼以爲如光明則依黑暗而發揮其能，故神亦因魔而益顯其神性；神之所以爲神者以其中有非神也。惡亦含於神之中其現實卽爲人。

人之靈魂有自由之意志，可以本其神性歸神而入於至善，亦可以依魔性而入於罪，天國地獄皆在胸中。故靈魂死後不必昇天，唯當求之於自己心內潛在之神，『苟胸中有愛而能送其慈悲柔和之生以與惡奮鬬則即與神共存，且與神同其精神』。故巴梅之說，蓋調和汎神論之二元論而使宗教生活加一層之自然化、理性化也。

此種神祕說不經一番科學洗練之後則不能得哲學上重要之結果。何者此神祕說之中心爲宗教之內化與自律。詳言之其義有二、其一、卽真理之淵源在我自身之內不可外求唯當還照沉潛以得之。其二此真理淵源之『我』雖活動於我之個人之內而同時卽爲超個人的普遍的。卽個人精神之根柢中有一超個人的普遍的，爲吾人所希望渴仰之最高權威最高價値，此卽真理之淵源也。康德及康德以後之學說，吾人得名之爲理性哲學者實皆以此觀念爲中心。卽最盛期以後之觀念論、理想主義的哲學，亦皆－有意識的或無意識的－以此、觀念、爲基本。然在當時則偏於宗教性之神秘說者，尙信所謂降神術，星占術，魔法等皆未能完全科學化。其中唯巴梅能發見一線之微光，然僅能爲深遠素朴比喩的描寫，至於眞正之曙光仍必待之反神祕主義的卽虔信主義雰圍中特出之康德。反對窮理辨證的神祕說，乃得精練之窮理辨證而遂成近世最盛期之哲學思想。其結果遂於「我」之自覺史上劃然造一新機，雖然此非一朝夕之故也，其困難複雜，蓋相持經二百年之久。

四　「我」與國家—立憲政治運動

神祕說旣不能經科學的洗鍊以成哲學思想，又不能依宗教的信仰而維持其勢力。於是由神祕說出產之新教，乃不久而成一反神祕傾向。然宗教改革「我」旣崛起以問教權之鼎，苟無他種勢力與教權相結托以壓迫此「我」，則其自由當不必再爲教權所拘束。近世科學哲學，皆由此「我」之解放而來其明徵也。然一入近世紀卽有一種新興勢力挾教權以壓迫此「我」。故我之自由，僅僅限於學問範圍以內；而信仰上則拘束仍自在也。新勢力維何曰國家是也。十七十八兩世紀則國家與教權相連合以反抗「我」之時代也。而政治上及宗教上之自由乃爲歐洲民族運動之中心。

近世初期爲國家萬能時代。司求華德族之於英，蒲爾蓬族之於法，其代表也。其在學說上，實行上國家主義之盛行，或未必盡在此時。然個人之志意良心信仰爲國家所威壓則未有盛於此時者。其學說上之最著名者爲霍布士之政治論。彼以爲欲『救各人互敵』Bellum omnium contra omnes 卽無政府自然—狀態，則絕對之君主權爲不可缺。君權有一步之制限，卽人類爲一步之退化，而復歸於自然狀態。故君主當獨掌人民生殺與奪之權。人民之行動當依君主之志意，不當依自己之良心爲標準。不僅道德上之善惡當依治者之志意；卽宗教上何者當信，何者不當信亦當惟治者之命是聽。故治者可確定教理信條而强制人民服從之不可拒。國家不承認之宗教是爲迷信。國家指定之教理不得批評。人欲治肉體之病，則醫生所給與之丸藥，當呑不當嚼，欲治精神之病則『國家所指定之教理當盲從不當批判』。蓋近世來國家主義之學說，雖有種種，未有如霍氏極端之盛者也。唯其名著雷范亞當 Leviathan 實出板於格林威耳革命二年之後，或感於秩序之紊亂而激為是說亦未可知。然其所言則果當時帝王所欲言欲行而未能者也。後時路易十四『朕卽國家』之語，實當時治者國家萬能思想之代表。

此萬苦千辛之「我」，方自教權解放欣欣焉以為從此可以脫離縲絏一躍而入天空海闊之世界矣！乃無端又生一國家以桎梏之。彼教權者亦媚附焉以逞其餘威。此非「我」所能忍也況前此戰爭曾一旦得勝利者乎。於是有經數世紀之頑强反抗，革命也易姓也，以成憲法政治之發祥地者，則英是也。學說上，則有陸克之政治論，為孟德斯鳩三權論之先驅。有盧騷之民約論孟得斯鳩之政治論以造成大革命，開十九世紀之新局者則法是也。而個人自由之精神，乃對於傳統的一切觀念起熾烈之反抗。近世所謂文明國人享受之參政權信教自由蓋實此二世紀間「我」之苦戰奮鬬所得之遺產，而後人乃融融享受者也。

此時期之末，則宗教上之無信仰無神論，理神論乃大得勢。而與政治宗教相密切之道德觀念，亦隨之而失其權威。結果成爲道德上之無信仰，法國啟蒙期之思潮，其最著也。（此宗教道德上之無信仰當別有原因詳後第七節）

五　「我」與理知——主知主義及其反動

離教權之拘束，抗國家之權威，宜若可以得絕對之自由矣。而事乃有不然者，則教權政權之外；又有『形成「我」自身一部分之理知』。外敵雖去，而內部之暴君，則又大逞其淫威。而「我」遂陷入於內部乖離之苦。蓋近世中理知之占人生優越地位，未有如十七十八兩世紀之甚者也。今試以代表此時之哲學言之：近世哲學之二大流：曰經驗論曰純理論。同出一原於自然科學精神之方法的自覺，而其流之分也，則緣其自覺之方向不同而起。自然科學之成功有二因焉：其一曰訴之直接感性經驗其二曰基之精確數理計算此二種方法雖常結合以供科學研究之用而乃各具標型論其開創則歸納的天才家克柏雷數理的天才家加利來是也。此二科學家自身初雖未嘗就其方法有所自覺，至於倍根，則承歸納之統，以科學的方法應用之萬般學問而為近世哲學之創造者，以感性經驗為認識之唯一根源者也。至於笛卡兒則承數理之統取學問研究法於數理，依數理演繹之方式以研究一切學問者也。

是故理知之權威，知性之上位，乃為康德以前代表哲學者之公共信條。其在倍根則以知為人類所以能克服利用自然之原，故曰知者力也。Scienlia est Potenlia 斯賓拿莎則以為知者所以明世界人生之實相，使吾人自脫於情念之繫縛者也，知者力也。彼其所謂『為生活之知』或可解為主意主義，然彼皆以為生活之中唯知之意義為最高而情意則其次焉，此其傾向主知主義之明徵也。不觀夫笛卡兒之呈女王格利司梯納之書乎？『愛之上乘者知之愛也。而知愛之喜悅悲哀實非情念而爲明晰之表象，是能動作用也。Actio 至於情愛則有時明晰之表象依靈魂肉體之結合而暗昧，故情念者不明晰之表象也，知之下級也。是受動作用也。Passio 情者知之劣等段階也。』故笛卡兒及其純理論之繼承者皆以爲宇宙人生之考究，皆當應用數學的方法。故彼欲如幾何學者論圓論三角等之明晰確定，以論宇宙及人生；而欲據此以爲人生之指導。故以生活中之最能明晰確定者，爲最高尚，反之者謂之低級，亦自然之數也。此最能明晰確定以指導規定者厥爲純粹思惟，而最困難模糊者爲感情生活。此種主知傾向，至斯賓拿莎之哲學則最明顯。彼以爲情念者，皆不德也。不僅憎惡，嫉妬，憤怒爲惡德，卽戀愛（基督猶大教皆重視之）恐怖，希望，憐愍，懺悔，亦皆非德。人間唯一之德則知而已。由此知力吾儕如能脫情念—卽不德之羈絆—而得眞正之自由解脫。其在來伯尼茲依其形而上學的原理—卽莫那德

Monade本質—則謂吾儕靈魂之根本作用爲表象作用。感情不過思想未發展之狀態。或不明淅不確定—卽暗昧之表象而已。美之快樂亦不過完全秩序調和之錯雜表象，爲不完全或未發展之認識。彭甲登本此觀念以美學等諸感覺之學，故名美學爲Aesthetica（感覺之學）迄今日而猶沿用之焉。

當時視理知爲最高等能力，然知性者人生之一部，而非其全體也。中世紀之末，知爲「我」之救濟者旣拔諸教會泥滓之中矣今乃自立爲專制君王而加壓迫於人性之他方面，於是有以『感情』或情熱之名揚其沉痛反抗之聲者則法之盧騷德之暴飈Sturm und Drang詩人是也

六　我與自然機械論的人生觀及世界觀

更有助此主知主義之世界觀人生觀而更加強壓於「我」者焉。近世之自然科學於自然界之機械的說明乃奏空前之成功。歌白尼，克伯耳，加利來，牛頓，威塞哈威，等於天文物理生理各領域內各實證其機械論。前以爲依靈而動

之天體，今乃確知其爲物理法則所支配者也。而以爲依靈觀或活力所動之生活作用，亦可以得各種證據，可以想像其爲機械作用。此種科學機械觀乃大影響於哲學。其結果則機械論傾向亦爲十七八世紀哲學之共有特徵。蓋因果必然之說爲自然科學研究之前提而非其結果。『事物必有相當之原因』『有此因斯有此果』必有此種根本豫想；而科學之究研，始屬可能。故機械論爲科學唯一之思想方法，而其應用於哲學上之世界觀及人生觀蓋亦可謂必然之結果。

機械觀在笛卡兒時代，未盡徹底，不過爲一種有力之傾向而已。笛氏以爲精神爲自由而物質則純屬機械，而萬物中之有精神者唯人類，人類以下皆爲物質。故唯人則以靈與肉之結合有自由之力，動物則不過自動的機械而已，故其動作悉爲預定的。至霍布士及斯賓拿莎而機械觀決定論乃徹底。霍氏爲旗幟鮮明之唯物的機械論者。斯氏雖有物心二元論然其所謂精神與物質其作用乃悉爲機械的。萬有皆以嚴密之必然之理法預爲決定。故自由，目的等觀念皆屬迷妄；皆爲不明淅混亂之認識。來伯尼茲之哲學雖爲機械論與目的論之調和，，然結果亦歸之決定論。其論莫那德之絕對自律性固爲自由論，然其論莫那德發展之各階級皆由前段階級而來，而此發展之自律的活動，則依所謂『預定調和』絕對的預爲決定；則明明一決定論也。十八世紀法國之啓蒙期，唯物的機械論最逞勢力，拉梅得利之『人間機械論』L'Homme Machine最足代表思潮。當啟蒙思潮發展之絕頂德耳巴克乃編所謂自然體系Syslime de la Nature 者，人乃稱爲機械的唯物論之聖典焉。

其在英國，則陸克與休謨最足代表其特有之傾向。彼其主要問題不在形而上學而在認識論，故其機械論色彩不若前者之明瞭。唯此二家認識論之研究法爲心理學的記述吾儕之認識作用而求其支配之理法，由此理法，而說明認識作用，是爲其唯一之要務。故其心理學乃亦大有決定論機械論之傾向。其在陸克一方則承認人類精神思慮之選擇，發動，制止，諸自由，而以意志爲純乎被決定的。據愛得孟之說，則謂陸克之於倫理說，不特別爲組織的敘述，而唯於認識論中略涉及之者，殆感於自由說與決定論調和之困難而然。此姑且勿問，要之從陸克之認識論，及其包含倫理說的心理學等之全體基調言，則其爲決定論，蓋決不能否定。休謨則就其認識論上地位，雖不能不否定因果律之必然性。然其蓋然之度甚强，實際上幾等於必然。其於機械論以爲非必然之眞理，而爲高度蓋然之真理。（蓋休謨自身之主張地位上不容有此種絕對論）而以精神爲観念之束。凡諸表象之一切離合，依四種聯想律，而成爲機械的活動。其倫理學則以爲一切意志作用皆由快不快之基本感情與種種表象作用相聯合，依聯想律而成一定之起伏變化；則明白之決定論也。時此英國唯巴克來態度明白，爲非決定論的世界観。彼以爲吾人之所以能信外界之實在者，爲感覺上之観念，（非若想像観念可依自己之志意左右）而此感覺観念乃人類（有限精神）受之無限精神，故神（無限精神）之表象作用，實爲自然界之本原而對象與對象自身，別無因果關係可言。此種形而上學說則爲明白之反對械機論。然就英國哲學全體則決定論之傾向實爲不可否定之事實。

由此機械論決定論之人生觀與世界觀而「我」又失其自主，自由，自律之力。欲依理想目的而行動之「我」乃又爲自然世界所壓迫，而有更酷更嚴者焉。蓋教權與政權爲一種有條件的壓迫，當我放棄其教權之救濟，犧牲其生命財產之保護，則政與教固無奈「我」何也，固也，實際上此種事蓋極困難；然原理上非不可能。至脫離自然與世界則原理上爲不可能——至少在當時所解說之世界與自然爲不可能。——故「我」乃爲自然所桎梏而受其無條件之壓迫。人方以爲依其自己之理想自己之自由而行動也，而孰知另有一冷酷之自然法等人類之理想目的於毫末而反覆制定其必然之命運於有生以前也。自由耶，理想耶，目的耶，一妄想而已。

此可憐之「我」以理知之力，脫教權而獲得自由，今乃復爲理知所產之決定論所屈伏，而一切自由又爲所否定。於是盧騷出乃對於理知而舉其革命之旗，彼排斥以知律萬事之風，提倡『心之證明』以抗『腦之證明』所謂心之證明者，蓋以感情之力而肯定人類之自由也。

對於理知之威脅感情，自然之束縛自由，盧騷雖揚其沉痛反抗之聲而未能與之以學的根據。唯依感情之名反抗之而已。機械論之於世界觀有多少價値？感情之於人性有何種意義；占何種位置？理知又有多少效力多少權能？於吾儕之世界觀人生觀以及宗教上道德上能否與以信念？能否破壞吾儕之根本上之道德與宗教之信念？凡諸批評，盧騷固未之及也。於是有爲盧騷革新思想所鼓動，依冷靜細心的理性批判—卽知情意三方面廣義之理性批判；定理知之對於情意，及其他精神活動之位置與關係；調和「我」內部之乖離；救「我」於理知所產決定論淫威之下，而恢復其自由者；則康德其人也欲判斷盧騷感情說之正當與否，則當先問專制式的知性權能，究竟何若？「我」之原素，不僅知也。既有情，復有意。此知之對於情意究立於何種之位置？然則必於認識論之研究入手也明矣。認識論者，卽以論定知性之限界與權能為目的者也。此種研究陸克蓋已着手。惟陸克以此為心理學之一部而研究之，故未能完全達到目的。至康德乃始以相當之方法使認識論離心理學而獨立。

且欲考證否定「我」之自主自律之決定論果正當與否，亦應求之於認識論。何者，決定論者世界入於科學家眼光中之必然之結果也。蓋因果律之普遍妥當，非科學之結果，乃科學之前提。故欲知決定論有多少效驗？則不能不批判其以因果律原理為基礎之自然科學的認識作用。而倡其說者，亦康德也。

七　多數個「我」間之連帶喪失

待康德而後啓解決之端者，尙有一問題焉。自主知主義之興，人乃對於舊來宗教上道德上起一種自由批評之風尙。其結果則宗教道德之基礎—卽多數「我」間之連結楔子—大爲動搖。人生者一共同生活也。旣營共同生活則必有所以連結其個性者。理知之興也，投鼠不忌器。破舊習之傳統而同時共同生活之連結亦於是喪失。而此無數之「我」遂缺其調和統一。助長此種風潮者，尤爲英國之心理的分析學風。陸克休謨等經驗哲學者主要事業，爲研究觀念之心理的起原，此則舊來道德宗教傳統之大敵也。唯英國思想家多穩健。學理上之研究，與實踐上之問題，殆少密切關係。蓋分立「知」與「信」之二元傾向，自倍根以來，久爲英國學者重要之特徵。倍根旣以學問上之目的觀念爲偶像之一；而又謂無神論不能成立，而認啓示神學爲主要。（此果爲倍根之眞實意見與否另一問題）霍布士旣主張極端的唯物論，而又自認爲英國教會忠實之信者。陸克說感覺論的認識論而於倫理學中仍保留其神學的及純理的傾向。休謨於學理上說懷疑論而最後乃爲實際常識說所軟化。此皆其穩健之徵也。迨英國思想一入法國，則哲學之與宗教，認識論之與倫理學，理論之與實際，乃斬然分爲兩橛。而道德宗教之根本觀念乃以無忌憚之分析批評而招破壞。

心理的分析，由兩方面遂其破壞之功。其一爲普通的蓋以從來盲從之實踐觀念一旦成爲分析批評之對象，則其自身已失其無條件之效力，此必然之勢也。其二爲特徵的，當時之心理分析，專求觀念之心理的起原，卽爲發生心理學。Psychogenetisch發生心理學自身，自有硏究之價值。然欲據此而論定學理上實踐上之規範標準，則其事爲不可能。自發生心理學言，則一切觀念執意感情皆依心理的法則必然而起。眞妄，善惡，趣味之高下等皆爲自然之結果，別無價值可言。所謂規範理想，不過一時生活上之方便，而一般學理上實踐上信念之基礎，遂以動搖。

自然科學之唯物論，又爲此發生心理學之後援。法之啟蒙哲學則合此兩思潮而成極端之感覺論（倫理的）無神論（宗教的）。而道德宗教上之無理想無信仰時代遂以出現。就其消極方面言則此思潮，自有其重要之真理及旨趣。當時所破壞者，蓋實有不可不破壞之原因。而此思潮代表者之心事，則亦極其純潔光明，含有至高尚的人道之動機。彼等以爲多數民衆；支配於舊式之理想主義，置目的於天國，恐來世之賞罰，而僧侶乃乘之以跋扈。支配於歷史上所制約之道德習慣，屈伏於貴族官吏，而貴族官吏乃乘之以跳梁。欲制遏腐敗之僧侶貴族以救濟民衆則必破壞其舊式之理想與歷史的道德與遺傳，此則法國啟蒙哲學重要之動機也。此種運動之唯物論，無神論，自然論實成於『自然體系』一著者德耳巴克之手。彼之言曰，宗教爲社會弊害人類不幸之大源。宗教涵養迷信，而妨害真理之顯明。蔽羣衆之聰明，而助僧侶之跋扈。打破此種迷信之最大武器，卽爲哲學上大真理之唯物論；及由此發生之機械論無神論自然主義。然則啓蒙哲學之破壞運動，實以博愛經世爲動機，蓋可知矣。

由思想上之破壞運動遂及於事實，而大革命於以起。大革命者啓蒙哲學破壞運動之成功也。然其建設則何如？舊共同生活之聯帶既破矣，而其新者則何如？羣衆既以感覺論自然論爲根據而舊有之共同信條既失，則必專以個人之利害爲前提，自然之數也。其結果則社會缺其調和均衡，革命相續，各走極端，而自由權利幸福乃復爲野心家所蹂躪，於是復求所以恢復其共同生活之聯帶者，乃成爲十九世紀法國哲學之中心動機。

自十八世紀迄十九世紀之前半期，法國之哲學宗派，可大別之爲五：一曰觀念學派，Ideologists 二曰傳襲派，Traditionalist 三曰社會改革論者，四曰實證派，五曰折衷派。而除第一觀念學派之外，皆以發見社會生活之共同聯帶爲動機者也。

觀念學派之代表者爲德拉西及加伯尼。受英國心理學之學風繼承啓蒙思想以研究觀念之心理的起原爲目的。故對於宗教道德政治上之習慣極端破壞。此派哲學者自身亦與啟蒙哲學者相等，以救世濟民爲事者也。

傳襲派，代表極端之復古運動，與觀念派急激之革新運動，立於正反對地位。彼其動機，亦出於救世濟民。然以爲尋習慣之原而分析批評之，則足以危及道德宗教政治上之信念，故不能不反對之。其地位之於法與英之常識派相似。唯英國則以常識之名，反對陸克休謨之分析學風，而法人則走極端而據中世遺傳之宗教傳統以與新潮戰。故傳統派否定個人理性之權威，而固守由宗教啓示，及教理所成立之道德舊觀念。以爲真理者不當求之於自然之理性，而當求之於宗教之傳承。十八世紀者有史以來可恥之時代也。政治極其紛亂，哲學極其墮落。十八世紀之哲學，魔鬼之製作品也。魔鬼的『否定精神』也。十八世紀之哲學政治不過適用十六世紀叛逆者（宗教改革）之原理而已。十八世紀之哲學，奪人類靈智之翼而使之若爬蟲然，終身匍匐於地上。枯竭詩及雄辨等神聖之源泉，而使精神科學歸之滅亡。此種可畏之結果何自而生乎？無他十八世紀之哲學，悉以個人之理性爲最高權威，而爲無神論體系之故也。此其起源由於宗教改革：而科學實爲最危險的放縱冒瀆之源。科學自身縱屬無罪；而與科學者以支配心靈生活之權能，是爲大誤。於心靈之範圍內示國民以正邪眞僞之標準者，僧侶貴族及政府之有司也。羣衆無獨立制斷之能力，唯應默從其指導而已。此則傳襲派代表梅得耳之說也。觀此種議論，可以知此派呪咀大革命，呪咀宗教改革。彼蓋感於大革命前後之無信仰無秩序無統一，而欲復中世之古以維持統一社會之共同聯帶者也。彼蓋欲破棄以往之「我」之自律而復之於他律者也。

同時亦感於社會共同聯帶之必要，而爲救世濟民之情熱所動，顧不願若觀念學派之專事分析批評，又不若傳承派之主張復古，欲以新思想組織新社會者則有聖西門、菲利愛等之社會改革論。聖西門蓋一方提倡其產業的社會新組織，而同時又求社會上精神的聯帶。彼以爲將來成立之社會勢不能不分爲二種勢力：其一，爲滿足人生物質之要求者，卽俗的勢力。一爲滿足心靈之要求者，卽靈的勢力。其在中世紀，俗的勢力爲君主貴族武士，靈的勢力爲法皇與教會，二者本互相對峙。新社會中則俗的勢力當歸之生產者製造家，靈的勢力當歸之科學家藝術家。而其中以科學爲所以充滿人類物質之要求，而同時科學家又當爲人類處世之指導者，與社會以共同生活必不可少之聯帶者也。

實證派成之孔德。孔德哲學之動機，亦如聖西門在社會之改革也。孔德以爲欲社會之能成則必其分子之間有精神之契合點而現代之社會則缺之。何以故？以現代之人缺思考法之一致故，卽神學的，哲學的，實證的三種思想法，同時並存故也。若思考法一致，則關於自然社會等種種理法得以成立一致之學說，學說一致則可得一種共同信仰。以代中世紀之教會而統一社會。故欲救社會之不統一與不調和，則當舍其神學的哲學的思考法，而歸之實證的。而人事上一切現象，向來置諸實證範圍以外者，亦當以實證法研究之。故孔德所倡人知發展之階級說（卽中古爲神學的，近古爲哲學的，近世爲實證的）及社會學皆以求共同生活基礎之定說信仰爲動機。故晚年乃倡『人類教』其教之內容或有與實證哲學相矛盾，然欲藉健全之哲學以倡眞誠之新教固彼之畢生宗旨也。孔德思想，前後本不相同；足以代表當時之二大傾向；然其間亦自有其聯絡。卽前期思想爲十九世紀全體之實證傾向，而後期思想爲新社會之創造；當時法國特有之傾向也。

代表折衷派者，則有哥生。彼亦欲適合時代精神以再建宗教道德哲學上之信仰而其所取方向乃與前者異。非復古非改造，非實證，卽與法國當時各派思想較，其出發點與基礎，皆絕然不同，之康德學說是也。彼乃取之以應此時代之要求。

是故十九世紀初元之法國哲學，以普遍的定說信仰之再建爲目的。而此種解決蓋亦待康德而開其端。康德哲學之特色蓋在其亙人類精神之各方面（卽知情意）而求得一超個人之「我」。其在當時哲學之位置，頗有似於蘇格拉底之於詭辨派。蓋詭辨派以個人爲一切事物之尺度，學理上「實踐」上主張其虛無說。而蘇氏則欲於各個不同之人類中，求出一個普遍的人性者也。惟康德之方法乃與法國上述之諸家不相同，不在復古，不在改造社會，不在實證事實，彼另取一方法，則所謂理性之批判是也。

康德活動之期，爲十八世紀之末；而本章敍述之法國諸派，大部爲十九世紀之初元。其所以敍述在康德前者，一欲知法國思想界對於啟蒙哲學破壞之苦痛狀態。一欲以之與康德思考法對比以明康德之特色也。

要之啟蒙哲學之結果，發生三個難題；一，理知與—其他被壓迫之精神機能卽—情意之關係的位置。二，「我」內部之調和及對於自然界「我」所受之壓迫。三，共同生活必要上之多數「我」聯絡系統卽普遍的定說。—個人內之超個人—如何可以成立？而康德乃一一依其明瞭緻密之研究而與以解答者也。

八　大我（超個人「我」）之發見——康德

至康德而「我」之概念乃受一大革新，今姑就此問題範圍以內，力避罔有難解之術語一述康德之思想：

（一）於康德思想中第一所當注意者，則「我」之研究殆占其思想之全部是也。康德罔曾寢饋於自然界（卽非我之世界）之研究，所謂『批判前期』之大部分是也。彼嘗以牛頓爲理想而遂心於物理學，地理，天文，乃至地質，氣象，地震等亦嘗研究。此種自然界研究之結果，已於學問之歷史上，爲重大之貢獻，如星雲說其最著者也。然彼於非我之研究中，乃發見此所謂非我者非嚴密純粹之非我。故欲究自然界之根柢，當先自審察此研究者卽「我」之本性。於是思想乃一變其方向以全力傾倒於所謂『理性批判』者，而遂以啟思想史上之大革新。

然康德所研究之「我，」非「我」之全體乃「我」之根源。依康德自述之語言之，卽「我」中之純粹—先天—要素或機能是也。或得謂之爲「我」之自律方面或謂之爲自律之「我」理性自律者康德哲學之一貫的中心觀念也。康德以爲所謂法則者，就眞正嚴密之意味言，則萬不能不出之理性之自身。何則法則云者，蓋以必然的普遍妥當的爲條件者也。其自他所受或自經驗所得者，蓋僅得曰高度之蓋然性，未能謂之爲必然普遍也。故不論自然界之法則，道德之標準，趣味之規則，苟得嚴密指之爲法則者必爲理性所自與卽理性自其自己之內部所造出者也。學的理性，自然界之立法者也。行的理性，道德界之立法者也。美的理性，趣味界之立法者也。此理性卽先天純粹「我」之自律的研究，卽康德『批判哲學』之中心問題也。

（二）顧此純粹自律之「我」又何從而知之乎？先就認識考察之，凡一種認識吾人得認爲確實者，必依左列之三法：第一，經幾次經驗而信其爲確實者；吾人名之爲經驗的確實性。第二，由假定，或承認爲確實之前提出發；或將假定，承認爲確實之概念分析；以得推理的結論，吾人名之爲論證的確實性。第三，不由經驗，不由論證，一旦意識所及而卽同時不得不信其爲確實者，吾人名之曰自明的確實性或直證的確實性。第一種經驗之確實性，無論積多少之經驗要不能出諸蓋然性以上，苟得新經驗不能保其不否定或變改也。而此種高度之蓋然性蓋必經多少之階段逐次以進步，決不能一躍而卽成立。故經驗科學命題中若含有經驗之性質，而一躍卽能達高度之蓋然性者，其中必有藉乎第二｜推理的或第三｜自明的原理之輔助。前提爲必然的，則其結論爲必然的，前提爲蓋然的則其結論爲蓋然的；亦當然之數也。唯第三｜自明的確實性，則直接一躍而爲絕對的必然。當其意識之初，迄確信之間，別無漸次移行之跡。如數學上之根本命題，因果律，實體永存律，其適例也。其在經驗論，或相對論者，以爲世無絕對的必然，所謂第一第三之確實性，不過程度之差而已。信如是也，則第三種確實性當其到達絕對確實之先，必有漸次移行之跡，而事實則反是。吾人於數學上之根本命題，果先由狐疑之態度而逐次積多數之經驗而始成爲確信者乎？決不然矣。果也當其入於意識之時必經直覺或經驗之媒介；然一旦苟入於明瞭之意識，卽同時不挾有些少之懷疑。決不能以爲將來若積各種之新經驗則此原理或將否定或將改變也。直線爲二點間最短距離，意識之時，蓋卽爲確信之時；中間別無餘地可容。然則第一種與第三種確實性之不同也，乃質之異而非量之異也，蓋可知矣。

此種認識，雖以經驗爲媒介，然決非以經驗爲基本彼蓋開展自知性之內側故吾人知性中於經驗機能以外另有一種純粹或先天之機能，足以自然造出此種自明真證之真理。然康德不僅以推斷此先天機能之存在而自足且更進一步，而考查此先天機能之爲何物？自明的直證的認識之先決條件果爲何項？

實際上此種條件果否具備於吾人理性之中？乃更由此而批判論定此認識之本性，及根此認識而成立之各種學問之正當與否？康德之數學純粹自然科（自然界之自明的普遍必然的卽先天的諸命題如因果律之類）形而上學之批判；及—使此數學科學成爲等可能性之先決條件—知性的先天形式卽時間，空間，範疇，等之研究卽此是也。今不能一一精說，唯取例於數學的批判。

（三）數學上之論證當然有待乎演繹的推理。然爲其基礎者，則直證的自明的根本命題也。而足以使此種根本命題成爲可能者，則有其先決條件，卽時間、空間、之先天直覺。或得名之曰直覺之先天機能是也。

數學上之根本命題，常以直覺範圍內事實之形，而爲人所認識。最初欲知『直線爲二點間之最短距離』吾人或描之於紙，黑板；或想像其已描而認識之。欲知5＋3＝8則吾人或首屈其五指更屈其三指，以訴之於直覺。然吾人不認此一度之計算爲特例，而同時卽認此爲常例。卽爲普遍的（凡一切直線皆如此）必然的（卽不僅此時爲然，他時亦無不然）而其普遍妥當（不僅對於此已曾意識之主觀，凡一切思考的主觀皆爲妥當）的關係，亦同時爲吾人所認識。其爲認識也，出於直證，無絲毫疑義之可言。或問理由，乃不能答。直線何故而爲二點間之最短距離乎？五加三何爲而等於八乎？吾人乃絕對不能示其理由。惟得之直驗 Erleben 而已。若復有疑者，只能告以『汝試描一直線觀之』或『汝試屈其五指再屈其三指觀之』此外蓋不可能。所能者告以直覺之事實如此；或如此之外不能另想而已。是故數學上根本命題發生於一定之直覺，而爲普遍的，必然的，換言之，卽先天直覺是也。然此種數學的先天直覺，有一定之範圍，不能到處應用，如色香音味（外的）喜怒哀樂（內的）皆諸事實之出自直覺者，然不能以數學的認識解之。蓋數學的認識所關係之事實，唯空間時間之形式而已。言純粹數學者，必含有幾何算術及力學諸原理。幾何之對象則空間之分量及其關係也故空間爲幾何學之根本條件。算術之對象爲數數者依數而成立，即依單位繼續相加而成。而繼續者時間之次序也。故時間爲算術之根本條件，力學之對象爲運動，運動云者，一物體，對於他物體，以如何之時間，得如何之位置關係是也。即空間中之時間次序也，故時間空間同爲力學之根本條件。假如時間空間不屬於純粹或先天的直覺，則必然普遍之直覺，不能成爲數學之先決條件。假如時間空間爲經驗的而非先天的，則數學之命題，亦不能具有此必然普遍性。故欲使數學爲可能，則其先決條件；必以時間空間爲屬諸先天直覺。

康德於是進而證明此時間空間之表象爲先天直覺。今姑畧其序說而提其結論。康德既以數學之根本命題，屬於自明的先天直覺；而以此種直覺之關係事實，爲屬諸時間空間之形式；更進而證明此時間空間形式之爲先天直覺；而數學上之根本命題，及以此爲基礎而成之純粹數學，於以正當成立。雖然數學上尚有一疑問焉。數學既成立於純先天純主觀之基礎上而無俟乎客觀自然之經驗矣；然則數學上命題，何故乃適用於自然界？卽應用數學（如物理天文測地等）何爲而可能。康德則答之曰時間空間者吾儕感性直覺之先天形式也。必然之形式也。故外的直覺入空間之形式而後可能。內的直覺入時間之形式而後可能。是故外界內界卽自然界之全體入於主觀的「時」「空」形式之內而始成立，故當然之爲數學法則所嚴密支配。而數學上之命題乃天然可以適用於自然界；此應用數學之所以可能也。

於是康德之認識論中，其特色之現象論亦同時成立。現象論者，卽說可以適用數學上時間空間之世界並非爲與吾儕精神相離之事物本體(Dingan-sich)乃物體之現象界對於吾儕之精神而始成立者也。時間空間之規定數學上之命題等非附屬於離「我」之物，而爲「我」之所與者也。果時間空間離「我」而獨立存在者……卽時間空間若爲事物本體之性質與關係者，……則「我」決不能對之。有必然，普遍，卽先天的判斷之權。唯時間空間爲屬於「我」自身之認識、能力、機能；故始能不爲經驗所左右，而得下此必然普遍之判斷。自然界唯能契合於此種機能，始能成立，故「我」得於此適用其先天之數學。質言之則入於時間空間之形式爲數學所支配之自然界實「我」之產物也。而「我」亦只能於此自身所產之範圍內對於自然界得下此先天的普遍必然之判斷。

（四）依數學之批判及時間空間研究之結果，遂成現象論。然康德於純粹自然科學批判及範疇研究中其範圍乃更爲擴大。唯此種經過姑讓之哲學史，今但敘其結論。

自然科學上之認識，大部分皆本諸經驗。故其判斷，皆爲經驗的判斷。經驗的判斷云者本諸一定之經驗事實而成，故可以隨新發見之事實或破壞或改造。然於此種經驗判斷之外，尚應求所謂非經驗的判斷，即所謂普遍必然之判斷；例如『自然現象之實體別無增減』之實體永存律，『自然界之事實必有一定原因』……之因果律等是也。此種先天的命題之體系即康德之所謂純粹自然科學。此種命題雖曰非經驗的，但決非謂不待經驗，卽能意識。此種原理意識亦由經驗而次第以明。康德之所謂先天非心理的先行 Psychologisch Prioritat 因果律與實體永存律不能如數學上根本命題爲小兒無學者所能意識，其必有待於科學之經驗也蓋明甚。然此種決不能謂之爲科學經驗之結果。而爲科學的經驗之前提。苟不以因果律與實體永存律爲豫想則科學經驗乃爲不可能。此種原理，當人間認識能力活動之始，卽於無意識中自然發生。蓋自動的知性之機能也。小兒雖無知，然苟其身上起一種變化，則必問曰何故？何然；此卽因果律自働於無意中之證也。

然則此種自然界中之先天命題如何而始能成立乎？苟自然之本體離我而獨立自存？則其支配之法則所謂必然也，普遍也，蓋決不能爲吾人所認識。何者認識必由諸兩途；一爲知覺，一爲純粹思想。以此認識爲出於純粹思想乎，則認識而與客觀實在相一致，非爲偶然，卽爲豫定。（卽兩者豫想定爲有關密之調和哲學上所謂豫定調和）然偶然與豫定皆爲科學上之禁條。卽偶然如此或豫定如此故結果亦如此，僅依此種說明而自足；則科學實爲無用之長物。然謂其出諸知覺，則此認識卽不能成爲必然普遍的。卽對象之自然界，苟離我而獨立存在，則純粹自然科學之命題卽不能成立。反之若立足於現象界，則命題卽有充分成立之餘地。是故自然界之支配於自然科學法則也與上文所述支配數學法則者相同；亦可認爲本諸「我」自身之認識機能。信如是也，則純粹自然科學可能之先決條件，自然成立。自然界必然之法則亦與之自「我」者也。爲必然之法則所支配之自然界必與「知我」機能之法則相一致，而後成立，則吾人亦得對於自然界下其普遍必然先天的判斷矣。

康德既如此，於吾儕知性中求出其先天機能，又考查此機能之爲何既曰先天，又能與自然界相契合？於是又將先天機能爲體系的組織，而論證其自然界所以必待是機能而後成立之故。康德以爲吾人雜多感覺，若僅依時間空間之形式法則而整列也，則亦不過主觀的感覺之繼續而已。而欲使此種感覺與對象生關係而成立一客觀之自然界則必有藉夫先天機能；（例如永存也因果也等悟性之先天概念即範疇）將此雜多之感覺爲體系的聯結，而後自然界始能成立。然則自然界乃眞爲「知我」所產矣但當附言者自然界非純爲知性所產，自然界之成立有俟乎各種感覺。唯此種感覺加以知性機能始能成立爲自然界。不然則僅僅爲無系統的各個感覺而已。

自然既爲「我」之產物矣然則吾儕又何爲而認此自然爲離我而外在乎？康德以爲知性之生產作用若屬個人的意識機能，則吾儕當然以自然爲自己之產物；不能離我而存在。雖然，此種生產作用，雖在個人內活動，而其機能則爲超個人的此動作之自身不入諸個人之意識。而入諸意識者，唯此動作之產物而已舉現有之感覺材料，一則從時間空間之形式，一則從悟性之法則，綜合焉，以造成此……能爲必然普遍法則所支配之……對象世界者，超個人的機能也康德名此機能爲『意識一般』Bewustsein überhaupt 或得名之曰「我」內之超個人或得名之曰超個人「我」唯依康德純認識論之地位上言，則不能以此超個人「我」；爲形而上學之實在，所當申明者也。

康德於是旣破從前以自然界爲離我而獨立存在之觀念；而以自然界爲我之產物。而同時又說明人類何故視自然界爲離我而獨立存在之由。康德於此點，乃自比之歌白尼。蓋歌白尼旣明天動之非而立地動說；又同時說明人類何故常以地球爲不動之由，其事乃正與此相類也。「我」自然界之立法者也。此思想史上康德之革新。人乃名之曰「歌白尼的回轉」

依歌白尼的轉回，而前世紀大肆淫威之自然。乃一轉而屈伏於「我」之下。而同時「我」內部之獨裁君主（卽理知）亦依相當之憲法制限其權能。理知之必然的認識只能於其自己所產之範圍內有相當之效驗。其非理知所產或離理知而存在之實在則不在理知管轄之內。是故理知。無論究神靈魂，本體等，形而上學，對象之權。故依理知而肯定神靈者，及依理知而否定神靈者，皆為踰越理知之權性不能成立。質言之則理知於現象以外既無肯定亦無否定之權也。故康德將認識論上之形而上學完全破棄；而另於意志信仰基礎之上建設其實踐理性論而肯定三大綱即所謂意志之自由神之存在，靈魂之存在是也。理知之官能為現象之領域所限。其目的只在指導吾人之實際生活。至於導吾人於超經驗之實在界則不能不讓之實踐理性。解決宇宙人生之切實問題而與人生以安心立命之基礎者非理知也，意志是也。此即康德之「實踐理性上位」或『意志上位』之思想也。而理知之絕對權乃為其所否定。

（五）吾人今當觀其形而上學之建設方法，然神之存在與靈魂之不滅，非吾人目下之切要問題；所當論者則意志自由說也。

康德於道德之領域內亦欲求其必然普遍妥當之原理，康德以為吾人日常所下之道德判斷爲對各人之意志行爲性格之價値判斷。判斷與價値判斷有別。「此糖白，」此判斷也。「此糖好，」此價値判斷也。價値判斷者卽以我儕主觀之要求爲基準，而論斷此對象之與要求果相應與否者也。道德判斷云者，非僅僅之判斷而價値之判斷也。然關於人之意志行爲一切之價値判斷，未必悉悉爲道德的。其大部分多以個人之利害快不快爲基準，依感性之衝動，或各人特別之目的需要而評判此對象之價値，則經驗的也。惟其爲經驗的也，故依其經驗之如何，在甲爲善而在乙或爲惡，此非道德律之根本也。道德律之根本，必其爲普遍的爲必然的。吾人對於各種之行爲與執意或斷之爲善斷之爲惡；事實上縱未必盡人所同意；然吾人必有一種盡人皆與我同意之確信。藉曰無之，則此種判斷只能名之曰好惡，利害，適意不適意而已，非嚴密意味之善惡也。是故善惡之價値判斷，當爲必然普遍的，則其原理必當爲自發的，而康德倫理學之中心問題，則求此自發的必然普遍之原理是已。

道德法之要件有二，一曰純形式的，一曰命令的：事實上道德律之內容，常隨環境及人類之發展而爲不絕之變化。今日之所謂善者他日或乃可稱之爲惡。我國之所謂善者他人或稱之爲惡。是故必然普遍之道德律，不能求之於事實內容，而只能求之於形式之規定蓋一言事實則勢不能不以流動性之時間地位爲基準而失其必然普遍性。故普遍必然之道德律必爲純形式的是爲第一要件。其次道德律與學理上之法則異。學理上之法則爲自然法，其性爲『不得不』如此，即事實上之是也：道德的法則爲『不可不』如此即義務上之應也。故道德律未必即能遂行，而有不可不實行之性質。即命令的是也。故道德的原理上不能不取命令之形式；是爲第二要件。

道德法既爲（非經驗的）純形式的命令，故吾人不能曰人當如此如此行動，而只能曰人當依一般之法則而行動。詳言之即當將自己之執意普遍化，無論何人，在自己同樣事情之下，必爲自己同樣之執意者則信之爲道德上之善而服從之是也。或得曰，人當將支配自己行動之判斷，成爲有普遍妥當性之價值，而準此以行動。故所謂道德之根本原理者則『汝意志之格率當同時能爲普遍的法則而準此以行動』此卽康德之所謂『定言命令』是也 Kategorischer Imperative

今若返觀吾儕日常的道德生活，則所以律吾人行動者，殆多數爲假定的或制約的，欲健康，故當講衛生，欲得信用，故當正直，凡此皆命令而附以條件者也。此種命令之價值，依一種目的而存在，不能謂之爲必然之善，康德名之曰『有所爲的善』故此種命令嚴密言之不得謂之爲道德法。眞正之道德法爲其自身而存在卽爲無條件的定言命令道德之意志，不能不立於一切『如此則』『爲此故』以外。道德自己以外，不受任何種之支配而自爲其立法者。故自律爲康德倫理說之中心而『忠於自己之確信』爲道德生活之眞髓故道德行爲之動機無論其爲個人的幸福爲團體公家之幸福爲神的命令，苟一墮於『有所爲』

之他律則自身卽失其絕對，必然普遍之目的而失其品位之尊嚴不過爲目的之方便而已。雖有價值而無品位 Würde 道德之所以較諸財貨權勢幸福，而獨有其崇高之尊嚴與品位者卽在其自身之目的卽在其爲定言命令也

有此種自律之意志者人格是也人格之價值在其自身不能以他物代。故他種物件 Sache 只有價格而人格則獨有品位物件可以爲目的之方便用而人格則不能，而獨有其絕對之品位。於是康德乃言曰『汝當依自己之人格及一切他人之人格而尊重人之品位當以人格自身爲目的而不當以人格爲方便』此則所謂『品位擁護之法則』是也。故反於自己之確信者無論如何不當服從此道德上之最高義務也。而同時無論如何之人格，當以之爲儼然自己之目的，而尊重之。以此爲方便者則等人格於物件也。

是故意志之自律爲必然普遍的道德律之所以可能之條件。自然界之必然，普遍的認識。根諸知性自己之機能。道德之必然普遍的法律根諸意志自

造之法則。故使自然法而爲非知性自己所造出者則必然普遍之認識爲不可能道德法而非爲意志自己所造出者則必然普遍之道德亦爲不可能。故就此點言則學的理性批判（純粹的理性批判）與行的理性批判（實踐理性批判）其論法全然相同。然自然界可以得所謂時間空間範疇者以成現象界構成之原理，而道德界則不能得此種立法的先決條件於現象界；是何也？曰意志者自由者也。吾儕欲得人當如何如何必以人能如何如何爲先決條件是故意志自由之於道德猶之時間空間等之於認識，爲道德律可能之先決條件現象界無自由故支配於因果必然之法則；而爲道德先決條件之『自由』則不能求之於現象界（可感界）而只能求之於可想界。吾儕之意志決定對於現象界他種精神作用雖制約的，而其根原則以意志實存在於可想界而自由者也。此康德自倫理學方面考察而所得形而上學研究之端緒也。

是故「我」之自律，於認識論，於道德論，皆爲康德哲學之中心。而於道德論中則自律論乃更隨其崇高之感奮而益形高調。而此所謂自律之「我」者，蓋非個人之「我」而超個人之「我」也。非感性之「我」而理性之「我」也。當爲『自律的人格』之核心者非個人之利善好惡，而普遍妥當之道德律，即個人內之具有遍普妥當性之良心是也。

是故文藝復興之所發見者，「我」而已矣。而不能得多數「我」統一調和，至康德乃發見一大「我」即超個人「我」，或曰理性「我」，發見人格。由此大我，而共同生活之基礎於以成立焉。

（六）至是而我儕不能不注意於神祕說（參觀第三節）與康德思想之因緣。中世紀末祖述同一之形而上學說，而成兩種反對之潮流。（所謂形而上學說者即新柏拉圖派之汎神論）所謂二種潮流者：一爲祕法之自然研究，一爲神祕說。一則求之於物，一則求之於人。新柏拉圖派以爲世界者神之支體也；故自然界即爲神性之顯示，而其奧底乃具有一種不可思議之力。故以為研究天上之星辰，以得此神祕之知識，則能依天行而預知或左右人事者，則所謂星占派也。分析地上之事物，以得其內在之精靈，則丹砂可化為黃金而不死之藥於是乎在者；則燒鍊家也。此皆祕法的自然研究者。求神力於物內者、也。然人者亦自然界之一，則人間之精神，亦即神之精神也，故此則神祕說求神力於人自身內者也。故神祕家以為人之所以不能得神性者，物慾障之也，就此混淆之礦質中去其渣存其精；則光明自生，而神人合一。故求神者，不必求之教會，不必求之古聖賢，不必求之於自然界，而唯當求之於「我」。懲忿窒欲，以內觀心靈，則神靈自現。眞正之宗教，非由外鑠，乃自內成者也。

祕法之自然研究則近世自然科學之先驅也。自星占術而成為天文學，自鍊金術而成為化學。神祕說則宗教改革之先驅也。其結果則新教既因事實而取反神祕的態度，而新哲學亦取客觀主理的方向。馬伯侖雖有「神在我內」之說，僅得汎神論之標題而未追求其結果。斯賓拿莎雖以神之愛慕為其哲學之一貫中心，而結論亦有神人一致之說，然忘其迴向自我之主要契機而以世界爲其直接考察之對象。故最能活用此神秘契機以之與近世主理主義相調和者，則康德之學說是也。康德於認識論中，既發見眞理淵源之「我」然不以之侵入形而上學範圍以內。而於實踐哲學中，認定此道德、判斷、淵源之「大我」。人苟能將個人的一切感性，傾向，利害，好惡，悉悉排除，則此純粹之大我自然活動。唯然而實踐哲學之頂點，遂帶有宗教性質，而神祕的色彩，乃隱現於康德哲學中，而成爲特別精彩之一部分。

是故康德之實踐哲學一方爲宗教之倫理化，合理化，自然化；他方則爲道德的宗教化，神祕化。而其宗教觀則亦以自律爲中心。理性者，於學，則爲自然界之立法者，於行，則爲道德界之立法者，而皆爲自律的。自律云者卽普遍必然之根本條件也。其於宗教之眞理也亦然。宗教之眞理不能基諸經驗。故歷史也，啓示也，皆不足據。啟示之眞出於神也與否，亦惟視吾儕之理性是否與神相應以爲準。是故宗教者，神之命令卽理性之自律的命令也。吾儕之理性自律的無條件的造出神之意志。理性者神的啓示之源也卽神也。此則康德之汎神論也。（至少名之曰半汎神論）

康德之實踐哲學中，宗教之變爲倫理的合理的與夫道德之變爲宗教的神祕的，殆到處發現。試舉例如「純理知界限內之宗教」中乃屢舉「新人」或「更生」之教說。基教中之所謂更生者有兩種解說，其一爲正統派所述依客觀之信條爲律者也。其一爲虔信主義所述，則依外來的一種不可思議之靈感作用而起心理上根本之變化者也。康德以爲正統主義之所謂「新生」者不過爲一種承認 Fürwahrhalten 而虔信主義之所謂「新生」者則爲狂信的態度而不能得理性之承認。故吾人當用第三方法以解決「更生」問題。康德以爲「更生」者「吾儕內部超感者」Das übersinnliche in uns 之作用也。此超感者卽倫理說中之實踐理性，良心是也。其職能之第一，爲道德上之立法者而更具有一種可驚的能力，蓋不僅與我以「是」之判斷，而更能予我以「當」之衝動使吾人爲善爲可能卽能使感覺爲道德之故能受無論何種之犧牲而不顧。此「我」內不可思議超感之人乃以不可思議之方法驅吾人道德之素質以日高日遠。此眞人生一驚異之對象也。然人乃以此超感者爲外在神靈之力，則誤矣。果其爲外在之神也則何有於「我」。此康德宗教之合理化而今時卽理性之神祕化之色彩根本也。故實踐理性之終，乃有「日在天上心在胸中」之語，原文之辭曰「思此久之乃愈久而愈增其感歎與崇敬之心者有二物焉：其一爲吾人頭上之星空其一爲吾人心內之道德律也」。Der Bestirnte Himmel über mir, das moralische Gesetz in mir.

此種汎神論之神祕說，在康德哲學中，尙不過爲其背景，迨其後繼者，與浪漫派思潮相結合，乃更變爲放膽的前景運動。菲希德之良心絕對說錫靈格之「我」內之神祕絕對思想，至海格爾則舉哲學宗教藝術之「我」一切而神化之則其全盛時期矣。

九　大我（超個人「我」）之絕對化，浪漫派時期，—理想主義之全盛，

自康德而後，迄千八百三十年之間，是爲德國哲學之最盛期。其各種哲學體系之最足以影響於後世，而於本問題有至密切之關係者，則菲希德錫靈格海格爾之哲學是也。此時期之哲學，大致皆與康德哲學有密切之關係，而此三人者，實爲康德哲學發展之正系統。且此三種體系，其相互之關係至形密切，吾人寧可謂之爲一體系之三級發展，故本篇亦綜括此三體系而順序說明之。

（一）此三體系有一重要共同之特色，即進「大我」超個人「我」於絕對之位置所謂大我之神化（Apotheosis）是也。至海格爾達於項點而反對之唯物論又應時以起。此種唯物論亦自兩方面進行。其一爲順行的，蓋「我」而至於神化，則更進一步，其自身即爲物化而自然決定論又以成立。其二爲逆行的，則我之權威既臻絕項則反動焉以成唯物論。此種發展之順序與夫迴向

之徑路，實爲「我」之自覺史中最切要之部分。

（二）吾人於敍述論理的徑路之先不能不就浪漫派思潮一爲敍述，蓋此時哲學實與之爲桴鼓應也。狹義的浪漫派出發於菲希德——「我」之絕對化——哲學，以文藝上爲主而次及於實行，其時期極短如許雷格耳，許來梅耳等其代表者爲浪漫思潮之最盛期。然其濫觴實遠發自盧騷及暴颷文學，其餘勢更成所謂後期浪漫派 Jüngere Romantiker 者當十九世紀之初元，以德國爲中心，其餘波乃普及於全歐，而其根源實出於康德以後之哲學。

浪漫派就其概括之輪廓言之則主觀主義是已。康德哲學亦得謂爲一種主觀主義，然其所謂主觀者爲理性的爲超個人的其在認識論上實客觀的主觀主義也。浪漫派之主觀則以感情爲中心，而爲個人的故浪漫派反對因襲而求自律，顧此所謂自律云者實含有漠視法則規範之感情奔放意味。故輕視道德科學而以文藝美術爲人生最高意義。（以宗教之本體爲感情而視宗教爲人生之極致者許來梅耳之說也）而文學中亦反對形式整齊理義明白之古典文學。以無約束之想像力，爲詩人之生命。天才之隨意 Willkür 以外，無所謂美術的法則。且應同此美學之學說於道德上，天才者不僅不受審美上之法則亦不受道德上之拘束。感情之要求絕對者也。道德無拘束之之權能。如戀愛不可不有絕對的自由而習慣不能支配之之說是也。是故浪漫派與康德哲學者處正反對之傾向而乃立於同一之地盤上對抗同一之敵此亦一奇觀也。其敵維何則啟蒙哲學之主理主義也。唯康德則於第一批判中制限認識能力之權能。第二批判中尊意志於上位。第三批判中則以感情負統一認識與意志之責。雖明明重視感情與意志以反抗當時之主理主義；然其爲書也重論證而輕直觀。其哲學本身實含有極強之主理傾向；而浪漫派則與啟蒙思潮絕對異其根據，斬然無主理之形跡。故二者雖同時爲主觀的爲自律的而其「我」乃各不相同。康德之「我」理性之「我」而浪漫派之「我」則感情想像之

「我」也，康德之「我」規範的「我」而浪漫派之「我」則超規範之「我」也。故浪漫派者依神祕的直觀及放膽的想像將康德細心緻密所構造之「我」一躍而成宇宙化絕對化者也。

（三）有一事焉可以促進康德哲學之發展者則康德學說中之物本體Ding an Sich也。康德於認識論中以爲吾人所能知者物之現象而已至於物之本體則超於知識範圍以外者也。然則物本體之概念又何自而來。康德則又以爲是乃供給吾人感覺之材料，一種心外之實在也。是二說者乃顯然成一種矛盾。欲解此難有三方面可以發展。其一則以心外實在全然付諸懷疑之列，若許耳泚梅蒙等之說是也。其二則於康德所取方法之外別尋一種理解而肯定之若約谷比之信仰說是也。其三則全然否定此本體則菲希德之說是也。菲希德以自然界爲純乎超個人「我」所出產，爲徹底的唯心論。說者以爲最適於康德學說之精神，故以之爲康德哲學之正統繼承者。

菲希德之根本理想實爲康德之「實踐理性—卽意志上位」說，自認識論之地位言，則認識權力之範圍以現象爲界。故物本體云者既非認識所能證其存。亦非認識所能決其否然。康德於「實踐理性批判」中則舉其所奪之於學的理性者許之於行的理性。凡所不能求之於「知」者乃可求之於「信」。而菲希德當判斷此疑問之時（卽承認或否定物本體）乃以實踐「我」之要求。卽自由之意識爲基準。直言命令者無條件的「汝當如是如是」之謂也。故道德之「我」絕對的自由者也。我既爲絕對的自由的，則自不能不否定所謂心外實在者。蓋如上文康德所謂，供給吾人感覺之材料」則我實爲被供給的卽被動的而非自動者。絕對自由之謂何也。

（四）物本體之存在，業既否定矣，而哲學之方法上三體系又自成一種特色，則棄經驗而純用思辨是也。菲希德以此方法試之於史之演繹與人事現象之研究。錫靈格更試之於自然現象之思辨的研究，而斥經驗方法爲淺薄，至海格耳乃更擴充之迄於一切宇宙之現象，自人事以迄自然，皆以其特有之辨證法，詳細研究，以成唯心論之最盛時代。

同是一純理哲學也，其在康德以前者，乃與康德以後菲希德等之三體系哲學，大有不同。康德以前之純理哲學受自然科學之影響，以「我」爲自然之一部。康德以後則以「我」爲自然之中心，卽其方法亦有異趣。康德以前以數學爲基礎而成演繹法；康德以後則以內經驗所得之純我爲基礎，由此以解釋萬有。若世界而果爲大我「超個人我」所產，則苟能窮其大我本性之行動法則，則萬物皆備於我。此種純理哲學爲自別於以前之純理哲學，故前者曰純理的 Rationalistisch，而後者則名之曰思辨的 Spekulative，而此思辨方法之最著者則所謂辨證法是也。

辨證法於康德哲學內已見其萌芽，經菲，錫，二氏迄海格爾 Hegel 而大成。例如康德分量範疇中全者，一而多，與多之結合者也。然非一非多而爲新成之全。三為一與二。之聯合，然非「一加二」而自成為三在康德不過一插句中之注意未嘗視為極重要；然其後繼哲學則逐漸發展而成為一極重要之契機。至海格爾乃以此為世界觀一貫之中心。此種暗示若與世界為「我」所產之思想相合，則此純粹概念之發展，卽可謂之為宇宙發展之過程，而海格爾之辨證法於以成立；卽所謂正反和之遞演相續於無窮也。

康德以前之純理派與經驗派，皆立於自然科學方法之上。就中純理派之形而上學體系，不僅其方法為科學的，卽其內容亦大受自然科學之影響。如笛卡兒斯賓拿莎來伯尼茲等皆以物體界之類推以解釋宇宙。卽心理學亦以單純之表象或感情，比諸物理學上之原子，而以機械的法令說明人類之精神作用。然菲希德等則以人類為理性的生物，有創造科學道德藝術宗教之能；而以自然考察為人類考察之附屬品。以物體界為人類所造人文 Culture 之機械，而成徹底之萬有目的論，萬有目的論者視萬有為實現人類目的之用而估定其價值與位置者也。而海格爾哲學。尤純乎為價值之體系。故其方法上逐漸離自然科學；而取範於歷史科學。海格爾雖名為康德哲學之發展者；其實已成為康德哲學之踰越者。康德之所謂科學純乎為自然科學，即科學，自然科學，物理學之語在康德為等意義。而於自然科學之外，有異事特起之歷史科學，在康德實可謂為未曾顧及。而與自然科學之絕緣一事，乃為菲希德錫靈格海格爾哲學之特徵，然海格爾哲學之所以失勢而一般哲學之衰頹，其原因即亦在此。（此義更詳後章）

以上所述為自康德哲學發展，迄海格爾思辯哲學成立之經路，與其特徵。今當述此三體系發展之大勢及其結果之影響於「我」者。

簡單言之，則三體系之發展可注意者有三事焉。第一為大我（超個人我）之一元化，而同時漸變為包擁的。第二為與此相聯絡康德之質的世界觀 Qualitative Weltanschauung 漸次進行為量的世界觀 Quantitative Weltanschauung，第三爲由價值相對論之誘致而至否定人格價值之決定論機械論又由雙方面發展（卽一爲順應的一爲反動的）。

（五）康德認識論中之所謂大我超個人「我」僅僅以此爲自然界形式之母。此外雖承認道德界之立法者趣味界之立法者之大我，而於三者間之關係未盡明確。然至菲希德則以爲眞「我」云者卽精神之本質自有其目的而常自律的行動者也。然必有障礙 Anstoss 而「我」之眞乃顯。故有待於物質界。詳言之則菲希德之大我以道德的活動爲本質。道德以（理）純粹衝動，能克（慾）感性衝動而後成立。卽理性能打破外物之障害而自由行動之謂也。爲打破克服之故，則不能有被破被克之對象。而純我爲欲實現其自由故，先造此制限自由之物質世界。卽純我爲行的故，而乃以知的造出自然界。萬有內在之本質精神是也，外在者，爲物質之自然界。道德者，內在對於外在之勝利也。故菲希德成一知我附屬行我之知行合一說，而「我」乃化爲一元同時而以自然界之本質爲純我所產。

而同時爲康德所認爲大我範圍以外之人文事業，亦包容於「我」之中，如法律之類是也。康德雖以科學道德宗教藝術爲大我所創造。至法律則不過認爲經驗我共同生活之方便法。康德以爲人類本來含有惡性，故言自由卽不能直取普遍妥當之形，而易陷於隨意 Willkür。故法律者所以制限此個人之隨意使其免於衝突者也。然菲希德則以法律爲大我本性所演繹。

蓋以大我超個人「我」爲宇宙之根本則自然人事等一切現象，原理上當然皆爲純我所自出。然在菲希德則其業尙未完成，至錫靈格乃著手自然現象之演繹，至海格爾則更由自然而推及於人事現象。而於哲學宗教藝術，道德法律等之人文活動，尤極其詳密之致。故康德所發見之「大我」至海格爾而達其最高度。然依海格爾之辨證律則凡一物發展至於極度者，必生反對之結果，故唯心論迄於最高點而人格之自律理想之精進，凡康德菲希德所特以成思想之核心者，又生否定之傾向，而梅格爾哲學分裂之勢見矣。

（六）所謂量的世界觀者，卽視一切差別爲相對的是也。哲學上之最著者爲來伯尼茲。來氏視一切萬有爲量差而非類差。世界無絕對的相反者。靜止者，無限小之運動也。暗黑者，無限小之光明也。無意識者，非意識之反對，低度之意識也。無機物者，低級發展之有機物也。乃至肉體與靈魂亦非質之異，不過肉體較普通所謂靈魂者低級已耳。知情意，亦非不同之能力，情意者未發展之知也。然康德之思想則反是。彼前立可感界與可想界之別，必然世界與自由世界之別，不得不與不可不世界之別。彼已別知情意之三能力。就知而言則立感性與悟性之別。就感性而言，更立經驗直覺與先天直覺之別。是種反對之對立實爲康德哲學本質之要素，綜合此種反對以成一元之認識論，人性論，世界觀爲康德後繼者之重要課題，而至海格爾則純化爲量的世界觀。其一，徹底之認識論已將質料與形式，感性與悟性之藩籬撤去，卽認之爲分言，然以爲皆出諸「我」之純粹活動。其二，知情意亦次第各由各哲學者之地位各取一以爲根本活動而推及其他（如菲希德哲學以意爲基本是）而科學，藝術，宗教，道德等各種活動至海格爾乃如萬派歸宗，一切歸之於 Colos 宇宙理性之發展形式，而依辨證法之順序排列於一直線之上。今姑就自然與精神之關係位置言之：

其在康德，則以爲自然者只有形式（現象）一方面爲悟性所產，至於質料（本體）則爲「既與的」 Chose doune 。至菲希德則以自然全體爲大我所產。不過視物質爲精神之對立反對者，彼以爲宇宙中之有精神與物質，「我」一之有純粹衝動與感性衝動，本質永久相對。至錫靈格及海格爾則以自然爲精神之前階 Vorstufe 唯錫靈格受斯賓拿莎之影響以爲絕對者自然與精神之無差別 Indifferenz 者也。吾人乃經物質界（含有精神）之階段而進而入於精神界。（含有物質）至於海格爾則以精神爲絕對者，而以爲萬有非精神之顯現而爲其發展之階段則純乎爲來伯茲尼之量差說矣。

自然與精神之關係不過一例而已，依辨證法則一切事物皆不過爲辨證法發展階段之差。海格爾之量差說當然與來伯茲尼之說異其性質。其在來伯茲尼則絕對否定質差（反對）而以質差爲一種映於不完全的認識上之現象，而海格爾則承認質差（反對）爲實有，不過以反對之爲物非固定的有融通性，而能自然或必然移行於他方面反 Antithese 自正 These 而生，正能移行至於反而正與反仍爲反對者也。合雖爲正反之總合而決非正反之和，乃自成一新質。吾人於此可知此必然的辨證法成立以後，則一切萬有依階級而排列，而理想與現實可有者與己有者之相反性質當然不能成立矣。

（十）「我」之自律否定理想主義之沒落—自然主義之跳梁。

自然之「我」化歟？我之自然化歟？海格爾以萬有爲宇宙理性 Idee 之依辨證法順序而發展者故曰「凡合理者皆爲現實凡現實者，皆爲合理」。

合理云者，蓋不僅協於論理，合於純粹理性而已；同時而合於目的焉，同時而合於理想焉；是故現在之事實乃皆入不得不然之域其在宗教上體驗則此種世界觀自別有其意味。而自學問上言則其論理之結果必爲善惡平等而決定論成矣。一切之事象，既爲必然則人格之價值，自由創造之能：理想精進之意義，勢在所當否定。一切之事象，既爲合理的，卽眞焉卽善焉，則價值之區別，亦一切爲相對的。詳言之，正既必然移行於反而二者相生必至於合。如是而遞嬗於無窮也，則既無固定之眞復無固定之善，所謂善焉眞焉者僅能就當時之位置而言，位置一移而價值乃失。例之有如海格爾以宗教爲哲學之前階，其在宗教之階段言則超神論之宗教爲眞理，其在汎神論的哲學之階段言，則不能謂之爲眞理。海格爾學派之破裂而爲左黨右黨也亦由此問題而起。蓋右黨以宗教爲基礎，左黨以哲學爲基礎也。

此種思想在海格爾自說之中，實已具有。不必待至後世而始顯也。海格爾以爲哲學者無一不受時代之拘束者也，故曰「凡哲學皆其時代之哲學」。Jede Philosophie ist Philosophie ihrer Zeit 思想之辨證法，純乎爲必然的，故認識上無自由創造之能。歷史上之事實亦依辨證法過程而發展。故人格之位置，自律之能力，亦無特別之意義。吾人以爲「以自己之自由爲自己之自由盡力」者海洛爾乃名之曰理性之狡智 List der Vernunft 海格爾之國家論亦有輕視人格之思想，故以爲在國家則個人無目的而目的乃在全體。故國家非爲個人而存在，個人乃爲國家而存在也。

海格爾後繼者，乃更依其思想而進展，遂成種種極端論。其中兼有決定論，善惡平等論，相對論，虛無論，各種契機者，屬諸左黨包威耳之純粹(絕對)批判說是也。包威耳以爲人類者辨證法發展之流中一浮蘋已耳。世無所謂真者，善者，人亦絕無創造真善之能。凡事當其成時卽爲毀。當其真時卽爲僞。故吾人對於事物不當取肯定否定之態度而當絕對取批判的態度。一切之事物如何而自己破壞自己。吾人當冷靜以傍觀之，是爲吾人所可取之最高態度。排一切固定之信念，脫一切定說之羈絆，而我乃爲萬象之旁觀者，世有眞理，此之謂耳。此則由辨證法而發生之虛無論也。

唯心論至此乃陷於內外夾攻之地位。所謂內者，即上文所述由辨證法自身發展之決定論也。更有其外者則自然科學對於思辨哲學之反抗是已。浪漫思潮之衰也，而現實主義乃繼之而起。方是之時德國既擊退拿翁而民族統一之願望仍不能達。國民意氣偏於銷沉，而代梅格爾之現實合理說而興者，乃有叔本華之涅槃論。以厭棄現世爲歸。此種事實乃萬派歸流對於「理想」「人格」「自由」等下一度之總攻擊，而唯物論思潮又於以大甚。今姑就其最主要之自然科學風潮一述其大要。

自然科學之特色在其方法上可以使衆人一致而爲繼續不斷之進步。其結論之是非，或依推理，或依經驗，可導人得同一之判斷而確信之，反之玄學則方法結果每闕一致。康德，本以形而上學之可能爲疑問而研究認識論，康德後之科學家卽以同樣之態度對付思辨哲學。而前世紀之中葉種種重要之發見乃繼續以起，思辨派又內部渙散不能成軍。故一轉而排斥一切之思辨以成純粹科學的世界觀與人生觀。則唯物論大成之時也。

就唯物論之萌芽言，固已自然發生於海格爾哲學中，如左黨所主張「宇宙理性以人之精神爲媒介而成自覺的睿智」此語而譯以唯物論之口調卽爲「宇宙根柢依大腦之發達而成意識的睿智」此種解釋雖非梅格爾之本意，然論理上實不能否定。故海格爾派中遂有如伏愛耳柏呤等顯著的唯物論家。

供給唯物論之積極材料者，實爲自然科學。自比較解剖學之進步而人禽爲量差非質差之說得有確據。而伏哥得研究類人猿之解剖學，推其人禽之量差說，而否認物心之質差。活力不滅之發見及化學生理學之進步，而生物獨有之活力概念爲之催破。而得以普通之物理力說明人體之作用。最後而至於拉馬克達爾文之進化論，則其說遂風靡世界。進化論以前則高等生物之存在，爲一種神的奇蹟。爲說明此奇蹟，故從來之哲學與宗教承認目的及睿知原理之存在。然唯物論則以爲進化論實爲說明此奇蹟之大成功者。吾人不必訴之心靈原理，唯以物質與運動可以說明一切萬有。若伏哥得若比許納若英來蕭皆其拔羣之代表者也。彼等皆唱大膽之唯物論得進化論而其說益張。於是爲浪漫派所加冕之「我」乃復一落千丈夷諸庶族矣。

綜觀文藝復興以還，哲學上「我」之位置可得而約言焉。始爲依理知之力脫「我」於宗教之下而置之於自然之中。繼爲依情（盧騷）依意（康德）範理知之權，拔「我」於自然之中而推之於萬有以上。然加冕之典禮初成，革命之風潮又至而「我」乃復墮於自然界中以成機械論唯物論而理想我之自律又終至於否定。

十一　「我」自律之回復——新理想主義

（一）自前世紀末以迄今日爲德國哲學思潮之主流，所謂新理想主義者，（倭伊鏗，溫德班，李開德等爲其代表）一方與自然科學者之唯物論機械論宣戰；一方又力排海格爾派之汎理論汎神的唯心論。是爲其重要而且共有之特徵。彼等對於最盛期之內觀的觀念論的思想有甚深之同情，而其態度則尤與康德及非希德之以現實與理想始終對立者爲相近。

自然科學者之世界觀與人生觀，與海格爾等之汎理的唯心論其出發點與歸着點大致皆立於反對之地位。前者以自然爲中心由攷察自然而及於人類。後者以「我爲中心由「我」考察人類而及於自然。故前者以記述說明爲務，而價值一事，非其所問。故結果爲非價值的世界觀。若於唯物論機械論中別立價值之一說，則其範圍已轉出於自然科學以外，非然者則不徹底之妥協而已。然汎理的玄學則純粹爲目的論，徹始徹終一價值論之體系也。故以眞善美，爲理性價值，且更舉此超個人我，大我而玄學化，以爲宇宙根柢；此皆其體系上之自然結果也。雖然汎理論與機械論其要點雖往往正相反，而其結果乃有一共同點，則毀「我」之自律棄人格自由說而自陷於決定論是已。新理想主義之所以必排斥此兩派者，為此故也。倭伊鏗既反對自然科學之機械論，而同時又排斥一切現實合理主義。溫德班一方既極力排斥自然科學的世界觀（即總合諸科學而成立之世界觀）及價值之自然科學的研究（即心理學的；社會學的發生學的理性價值之研究）而同時對於海格爾之大我神化而為宇宙根柢說，亦不以為然。

對於絕對的唯心唯物兩派（即機械論與汎理論）之人格的反抗不獨於德國為然；英法兩國之於今日其現象亦甚為顯著。唯不如德國之純然帶有理想主義之色彩耳。

（二）在英國前世紀之上半及中葉亦以自然科學思潮為最占優勢，唯不如德國之極端而成為自然主義、功利主義的倫理說。邊沁彌兒斯賓塞等其代表者也。然此時德國之觀念論的，理想主義的哲學，輸入於英。浪漫派詩人高律基倡之於先，文豪加來耳繼之於後。復有司旦林，克牙得，瓦來司，等專門哲學者，努力於德國思想之介紹，而格林乃更因此而形成其自有之玄學，以成英國之理想主義之倫理說。隱然與功利主義倫理說相對抗。格林之哲學為總合康德之認識論與海格爾之絕對唯心論而成。其倫理說以實現各人內在之神的原理，為倫理上之目的，即所謂自己實現說是也。

至後半世紀乃有以以擁護人格為目的之一學派，所謂人格的唯心論者是也；彼以為現代占重要地位之思想家或輕視人格，或竟攻擊人格，而其原因不過二方面，甲則曰「汝不過物質之暫時結合而已」乙則曰「汝不過為絕對之心之假現」甲則為極端之唯物派，乙則極端之唯心論也。此二說雖相反，而其否定人格則相同。人格唯心論者對抗此二派以為「吾人實為道德行為的自由者。」而專以擁護此信仰為事者也。

（三）法國於前世紀初期亦以自然科學的思潮爲得勢，然亦不如德國之極端（平常以觀念學派 Idealogiste 之加伯尼，爲唯物論之代表者。然加氏爲心理學上之唯物論，非玄學上之唯物論）前章所述五種學派，除觀念學派外，曰傳襲派，曰社會改革派，曰實證派，三者皆法國所獨有，各自有其特徵，而視人類爲自然的存在則傾向皆同。唯第五種之折衷派，則獨以介紹德國之理想主義的哲學爲宗，以造成法國哲學之回轉點。

折衷派之代表者爲哥生。先乎哥生者有比蘭，爲法國馬爾約蘭後玄學之第一人。彼力倡主意的心理說，而視人類精神爲能動的。（非如感覺論者視人類精神爲被動的）其學說大有影響於哥生。然導德人大我（超個人我）的理性學說於法實以哥生爲始。哥氏於法國哲學史之位置大有似乎英之格林，顧哥生之歸着點近似於德，而其方法則妥協於自然科學，尤與美國之心理學派相近，故人名之曰折衷派。彼之哲學蓋折衷於經驗論，批判哲學；錫靈格海格爾之絕對唯心論；及舊教信仰之間者也。哥生之思想有一貫之動機，即不破壞不復古，不根本改造，唯以契合於時代精神的方法，圖（十八世紀以來破壞殆盡之）宗教上，道德上，玄學上，信念之再建是已。彼尊重十八世紀以來之經驗的方法，以爲此方法於自然科學既大奏效果，何獨於哲學方面轉唯破壞是務，以分晰批判之方法而專事破壞，不從事建設者，此非方法之罪而人之罪也。彼以爲經驗哲學者於感覺作用之分晰頗成功而於思考作用之分晰則極不完全。永存普遍真理之所以不能發見者職是故也。今試舉例……若曰「我之志意動我之手」此在一方面似不過爲現於吾之經驗上一種事實；其實此判斷，倘含有超經驗的要素。即「我之意志實爲吾手運動之原因」此判斷實將「一切現象必有原因」之一般原理爲具體之表現；而吾人苟意識此原理，必真覺的以此爲必然普遍，此則超越於經驗者也。是故吾人乃由觀察而移行於「思辯」由心理學而移行於玄學。哲學家固當由事實出發，顧事實者不過一種方便而已。不由心理學，吾人果不能進入於玄學，然此非玄學之本體而爲入玄學之橋。十八世紀哲學之缺點，乃在以此橋爲終極之停留所。是故哥生亦如陸克及觀念學派等從心理學的事實出發，而以其分晰之結果，乃與康德得同一之結論。然哥生以康德學說，尚有一缺點。卽康德視思考原理僅爲人類之悟性機能。其所謂理性不過一相對的妥當性而結果不得不陷於懷疑論。欲脫此懷疑論則思考原理不能不爲絕對的妥當性，絕對者云何，則視理性爲超個人的實在，此實在者現於人類之精神者則爲理性。而同時卽爲宇宙一切之根柢。於是哥生乃自康德史進入於錫靈格海格爾之學說。吾人於是乃由經驗（卽自心理的省察而認必然原理之存在）出發到達於超人格的理性。卽神；而所謂分晰所謂經驗，其在十八世紀用爲破壞一切之工具者由此乃一轉而爲建設之基礎矣。

以康德哲學爲懷疑論不僅哥生一人爲然，蓋本欲擁護玄學之根據，——神之存在，靈視意志之自由——而求之於德之哲學，而康德則謂人類之知性無解決玄學根本之權能，則其不滿意者自然之數也。故浪漫的思辨哲學乃轉爲所歡迎。然自千八百六十年以來則康德哲學乃更從他方面受人之注意。卽康德哲學，決非爲消極的懷疑的，而獨有其甚強之玄學動機，欲努力以調和科學，道德及宗教。於是法國，康德之研究大盛，而同時錫靈格及來伯尼茲之思想亦併入於一流以成一種—精神自由，人類能動，個人創造之高調思潮。但此種思潮之性質，非若美國之正式反抗唯物唯心之兩極端；無寧謂之爲自然主義及唯心主義之雙方自然發展而日趨接近。蓋自根特耶克極端之感覺論以後，觀念學派內部亦注意及於精神之能動及創造；如加伯尼卽其人也。於是有比蘭之主義的心理說，有龍威之批判學派，則受康德之影響者也。有拉威孫之直觀哲學則受錫靈格神祕的直觀之影響者也。而現代法國思想界之耆宿蒲得耳則受來伯尼茲之影響最深，倡所謂偶然說，以否定自然法之必然性爲中心。彼以爲科學之法則非絕對的必然，現象中自單純而漸進於複雜，例如自無機物而進於有機物，自生命之世界而進於思想及道德之世界，中間支配之法則有一偶然。Contigence之存在至於人類之意識，則自由爲其最明瞭之一形。故吾人所能精密的測量或計算而視爲普遍必然者不過事物之皮相；其眞諦則來伯尼茲所謂無同一原理Principium identitatis indiscernibilium者實支配之。世界決無全然相等之物。故不能以普遍必然之方式統御之。故蒲得耳之哲學名之曰偶然哲學。而綜上列五家又皆爲反對決定論而主張意志之自由精神之自律者，故或總名之曰自由哲學。此外則受達爾文斯賓塞等英國進化論之影響者則有基由費愛等之觀念力說Idéas forces亦代表同樣之傾向；觀念者（卽一切意識之事實）爲實現自己之一種力，機械的進化不過此內在過移之現於外在方式而已。蓋唯物派利用進化論而成機械論，而此則利用進化論以成其能動精神觀也。以此種種思想爲背景，最後乃有柏格森之直觀哲學創造的進化哲學流動哲學等。

上述之叙說所以表明現代思想之史的位置。次章當概述德國之新理想主義，其中尤以西南德國派新哲學基礎之溫得班之思想爲主。要之主張精神之自由，人格之自律，而對於極端之唯心唯物兩派舉反抗之旗者，實爲近今英德法哲學三國共有之趨勢也：

十二　德國之新理想主義—西南學派

（一）欲知新理想主義之特徵，則當先明理想主義與科學思潮間之調和的經過此種調和妥協之思潮大概起自千八百六十年迄於前世紀之末。其有力者乃形成二派其一曰新康德派，其一則科學唯心論是也。

所謂科學唯心論者自自然科學出發而建設其玄學的唯心的世界觀者是也。彼不如思辨哲學派之蔑視經驗及經驗種學，而以科學爲基礎而補之以思辨，想像 Phantaiie 及情意等之要求而與思辨哲學不同其發源而同其歸結其顯著之代表者爲費許納陸泚馮德等。然此種玄學說究以思辨想像爲補助，故嚴密言之不得謂之爲科學。故新康德派之蘭陔謂此種玄學說爲概念詩。Begriffsdichtung

所謂新康德派者其代表則有立沙門，蘭陔，柯痕那託伯李耳愛德門等其態度，爲反玄學的而以祖述康德之認識論爲事。於是有所謂康德復興運動。其促進復興運動之重要理由：其一以康德本來不如思辨玄學派之蔑視自然科學，且自身饒有科學精神。其二康德哲學之目的在與自然科學以基礎而且對於自然科學有甚深之同情，不僅批判前期自身，且研究科學即批判期中亦力以回復自然科學之基礎爲目的，而成其認識論。其三但新康德派雖對於科學有同情，而於科學派之結論所謂唯物論者則甚不謂然。彼蓋同情於科學而傾向於理想主義者也。故羣以康德哲學爲攻擊機械論唯物論之武器。在康德以「延長」爲主觀之方式物質若離「延長」即無思考之餘地，則謂精神發生於物質之唯物論。是以精神所產者說明解釋精神之自身。是可謂爲本末顚倒。又康德以「因果律」爲悟性之方式，是爲研究自然現象之科學的總根據；然以之適用於玄學。而構成機械論。是可謂爲逾越悟性之權限。是故康德復興之動機首在其認識論足以滿足自然科學的精神，而同時即藉以反抗自然科學結果之唯物論也。

經過此種科學思潮與理想主義之調和妥協。而新理想主義於以出。其主要人物爲溫得班李開德皆新康德派之一人。而自任爲康德哲學之祖述發展者也。唯初期之康德復興運動專從事於康德之認識（第一批判）論，且消極的專以之反抗思辨之玄學與自然科學之唯物論爲事，而後期之新理想主義則互康德之批判書爲其思想之全部發展，而積極的爲理想主義之建設。

（一）溫得班之擁護理想及人格之權威也，蓋不若倭伊鏗帶一種宗教色彩情熱，而純乎爲思索家之冷靜態度。然仍自具有一種不可犯之力。今試先觀其對於他宗哲學方法之批評。

第一彼以海格爾流之汎理的唯心論，實踰越認識之界限。以理想或理性價值之總體，使之玄學化，而成爲宇宙之根本；其在宗教上或爲必然之要求，然已出哲學之嚴密範圍以外。不僅此也，自汎神論言一切事物皆對於全體有不可缺之意義；則價值之說爲無效。海格爾一方既以理性爲離人間之現實而自有其實在——詳言之卽命題非依吾人之肯定而始認爲眞；乃因其爲眞故吾人不能不肯定之；執意非依吾人之是認而始爲善；乃因其爲善故吾人不能不是認之：——然合之於一切爲理念之必然之所謂汎理論；則「不可不」之意義乃不能存在，此則其自身思想之不能調和也。

其次對於科學唯心論或科學的玄學彼未嘗根本反對。唯此種世界觀在嚴密之意味下不得謂之爲學；所謂概念詩而已。人若以此爲滿足則可各任其所好；顧欲僭用「學」之名而又以爲捨此外別無哲學則大誤矣。且欲綜合諸科學之全體而統一之以成哲學，其在科學未分化時代，以一人而能修各種科學，事尚可能；以今日科學分化極盛時代，到底爲不可能之事。居今日而欲組織此種哲學；勢不過就他人勞作之結果，而取其適於己說者，結合之而已。是則不惟不曾滲徹於思想家之學的良心。而亦並無人格的信念於其中。人若以此種「雜湊」—「獺祭」—爲滿足，則我儕對之亦別無異論，然吾人於此雜湊之外尙別有眞正之藝術品。

溫得班於此乃對於最近人文上之民治主義，亦下其批評。民治主義與社會主義，爲近數十年來之一種風潮；凡文明民族之生活各方面，無不受其威嚇。此風潮不僅於政治組織，經濟組織卽於學問界亦發生一種改革之氣運。今日之經濟組織蓋爲支配今日精神物質兩界之總樞。工場工業，將個人家庭之工業破壞之吸收之。個人獨得之技能知識已無自由活動之餘地。僅能於龐大之共體中，占一種原子的機械位置現存者共體而已。個人非服從於共體之中而調節其自己否則排擠於共體之外而自陷於滅亡捨此外無他途也。現今之學問乃亦大類乎此。無論爲自然研究，爲人文研究，皆當經過種種之試驗。而自有其精練之方式。能了解此方式而選一新對象以活用之繼之以忠實則必能得相當之效果。心理學，社會學經濟學宗教學，歷史等，皆有賴於各種統計則學問界中共產化之最著者也。此種研究其方法爲民衆的其對象亦爲民衆的蓋不在於一人思索之勞，而有待乎多數人之報告調查統計，而此種研究資料亦從民衆生活之各方面所得。例如倫理學者不由於規範意識之自省，不由於偉人言行之解剖而從原始人及文明人之民衆生活中博蒐材料以歸納的或統計的方法，而求得道德之本性及發展之法則。又如宗教學者亦不由自己或個人之宗教體驗；必調查原始社會及文明民族之各種宗教信仰之表現法；從此該博之質料中而求得宗教之本性，及其發展之徑路。馬克思派之唯物史觀排斥英雄之事跡，及政變之編年體裁而以民衆狀態爲歸納的研究而發見歷史上之法則，是故其方法爲共產的有俟乎多數人之勞作其取材亦爲民衆的。此爲今日一般之學風。其原因有似乎經濟組織實始於各業之分化。如欲排斥之則猶之嘆家庭工業之衰頹而欲破壞大工廠之類事之必不可得者也。吾人不能不承認此種方法之價値及意義。顧謂學問當專就此一途，而且欲應用此法於哲學，則有重大之危險。此危險非他，卽爲學問宗教藝術，及一切人文之淵源，所謂人格生活之枯竭是已。協同生活，協同勞作，不能予人格以自由自發之活動。故大工廠，能製精巧之工藝品，而不能製表現個性人格之藝術品。學問之協同勞作，亦僅能得廣汎精緻之知識，而不能爲人格確信之表現而眞得所謂人生觀與世界觀；能詳悉過去之人文事實而不能創造未來之新人文；而此新哲學。則亦對於學問的民衆主義之壓迫。而啓人格之自覺揭其反抗之旂者也。

更汎言之，凡一切自然科學之思考法，皆離去價値而觀物之自身。故於古來多數哲學家所研究之中心問題，所謂理想，或理性價值之研究，則此法爲不可能。此說已爲康德所道破，故彼排斥英國之心理的方法，而獨倡其自己之批判的方法。顧此種精神爲後繼者所忽略，而前世紀後半不僅應用心理的社會學的方法於認識論，且應用之於美善之研究——卽倫理學美學。此種研究在記述說明，認識，道德，趣味等之現實的精神生活，固有充分之價值；唯執此以爲已盡哲學之能事則實屬僭越。哲學者於記述說明以外，尙有所謂評價之本領。而此則非科學的社會學的方法所能盡其蘊者也。

然則哲學果以何種方法，而得此本領乎？曰以康德所發見互眞善美三方面超個人我之概念。及其研究之方法。使皆契合於批判的精神而發展之是已。康德之超個人我，後繼者乃以之玄學化。而進之爲宇宙之本體。其一部分果爲當時浪漫思想所推進，而康德自身亦當負若干之責任。康德爲實踐的動機所支配，自身有甚深之玄學的要求；此要求乃常隱現於其冷靜細密的批判態度中；而使其論理徑路往往爲之爲左右，故有時於當前進之方向則不進而不當前進之方向則進之。吾人於此，當將康德之思考動機，及其方法上之雜物凡有不合於批判的精神者一律淘汰之。而發展其根本精神使無內的矛盾其結果則哲學之中心問題，乃在研究知、情、意三方面之共同規範蓋初由認識論（第一批判）之研究，更進而推及於行爲（第二批判）趣味（第三批判）者也。

（三）我人之精神生活（卽包含知情意三方面而言）爲兩重法則所支配：其一爲「不得不」或名之曰自然法則或竟名之曰法則，（普通所謂法則含有自然法之意）其二爲「不可不」或名之曰理想法則。或竟名之曰規範。科學家之根本豫想謂一切現象皆支配於因果之理法（卽同一之原因必得同一之結果）而吾人之思考意志感情，當亦不外此原則此所謂「不得不」也。然吾人於各種現實的精神作用上，另有一種責任之感覺而形成一「不可不」

之命令意識。故同一之精神活動亦可從必然觀（心理的）與價值觀二方面下觀察；

今先就意志言之：意志之活動一方根於心理學上動機之法則，有自然之制約；而同時吾人對於此種活動，第有是認非認之一種道德法之意識。此種意識，各人雖有強弱之差，然無論何人皆有一種不可不服從之義務的責任的感念。更推之則價值觀與必然觀之對立，認識論上亦能成立。卽自必然觀者言思考作用爲心理學上聯想法則所支配。然吾人同時卽意識實際之思考作用，雖於聯想法不一致，而自然有「不可不」一致之規則，一旦感此規則而責任之觀念卽連帶而來。其在美學亦有然卽吾人對自然或人工之藝術品其快不快之感情，悉依心理的法則而起；然信美之理想者自能於其中發見或直覺的起快感或竟不然之事實，卽現實之感情中，自有其規範的方法可認也。

普通良心責任義務等概念，唯僅僅用之於道德圈域以內，其實亦可適用之於認識趣味進化之人。不單有道德之良心。而且有論理的良心美的良心。吾人不僅對於自己之行爲志意；卽對於思考，感情。亦有一種責任感。不僅對於道德上之怠慢，卽思考上之謬誤趣味上之缺點亦能自責亦有義務之感。精神生活之必然的進行若有毀損及於此種義務者，必感有一定程度之苦痛與羞恥。不獨此也，論理的美的責任感情實責任感情中之最洗鍊而純潔者也。何也此種義務，純粹爲自己的目的　而毫不含有別種雜質者也。蓋普通道德上之良心大致皆含有恐怖之感情報酬之希望，而此論理的美的良心則別無他種目的可與之結合也，人苟於論理的美的義務有所缺陷，法律上不爲罰，宗教上不爲罪，而不快焉，則純粹「爲義務而義務」良心之至純潔而無疵者也。

吾人於是知兩種法則之對立於倫理上認識上趣味上皆有同一之狀態於此而哲學上起一重要問題第一。則此二種之法則之相互關係是已，

（四）心理的法則，（必然的卽不得不）說明科學之原理也。卽以其法

如何行動，如何思考，如何感覺是也。反之論理倫理審則而說明吾人評價之原理。依心理法則而起之事實必要求其有普遍妥當美上之褒貶之標準出焉。唯然，故兩種法則不能全然一致。規範爲對於事實之一種命令，其要求未必能完全實現；然良心亦決不能要求事實上必做不到之事。故兩者又非絕對的衝突。故此兩種法則之關係。乃在全然一致與全然不一致之中間。

例如今有若干人於此，共有一定數之表象材料，材料同，而連結之心理法則亦同。然若使之綜合焉以成一判斷或學說，則結果必至於一人一樣而各有其不同。其不同也，由於各人皆特有其注意記憶思考方法而此種種結合皆根於必然的心理法則而起。然其中所謂真者所謂有值者則唯一而已。此種必然之結合而同時卽爲真正之結合者或人人皆得或竟一人不得故必然之法則未必悉合於當然之範圍，而亦未嘗排斥之。此不獨認識上卽道德審美上亦未始不如是。

是故規範者由自然法而起之心意要素，種種結合中之一種方式也。支配精神生活之自然法依「人」及「事」之不同，以種種之方式結合其心意要素而規範者，則此無數方式中之一種特選物也。論理上規範者表象結合（聯想）之一切可能的方式中之特選物也。倫理上規範者，動機作用之一切可能的方式中之特選物也。審美之規範者，感情活動之一切可能的方式中之特選物也。

雖然選擇之標準又何在乎？孰爲規範的孰爲非規範的，又何得而區別乎？曰普遍妥當是已。凡自心理必然法則而實現之種種方式中，其有合於普遍妥當之目的者，則規範是已。論理之規範爲眞。道德之規範爲善。審美之規範爲美。皆思考行爲感情所，不能不承認爲普遍妥當者也。（選擇方法詳見第二篇（五））

以明自然與理想法則與規範之關係，其次則當論規範理想。

規範既爲自然法中之一種特選的可能方式，則淘汰說或亦可爲進化論的說明？規範之妥當發於自身，藉輓近乎入於吾人經驗意識中與否？及履如何之徑路而吾人明能意識其與生活之關係。則又另爲一問題。惟其發於自身也。而於吾人之意識之與否不相干故非記述的說明的所能成其基礎。然承認此妥當性而據以爲評價活動之根柢者則屬諸經驗的事實，此事實則可記述之說明之。而就生活言則規範之事實的承認或可謂爲適者生存之結果？卽依規範的而思考而行爲而感覺者其人爲適於生存？而此種合規範的思考行動感情，漸次進化，將來自然法之活動可隨人類之進步漸次淘汰，使與規範相一致？野人或小兒別無規範之意識其精神全爲偶然之感覺及放任之衝動所支配，至文明人則論理倫理美的良心漸漸發達。然則此種事實豈非暗示良心爲自然淘汰之結果？

欲解決此疑問則不能不考察規範的心意活動，果適於生存與否？其在論理的規範上則此說大概成立。卽謬誤之推理輕率之判斷實爲實際生活失敗之因。反之正當之思考及自然人事上之精確知識，實爲征服自然統御人類之一種大力。果也社會上之競爭體力與意力，較知力爲尤重。然若體力與意力其度相等，則知力强者必得勝利可斷言也。民族間之生存競爭亦以知力之優秀爲勝利之一因。然在歷史上事實則亦有反乎此者：知力發展之民族往往多流於文弱，而比較的知力劣等之民族轉得而征服之。於是勝利者轉乃受教於劣敗者。

至倫理上則規範性與生存力，尤不能成正比例。知力之正確可以有利於生活而倫理上之規範則轉於必然的作用——或生存上可以利用之手段——加以。果今若假定放棄道德律，苟唯生存之利益是務，則無論何種手段皆可運用道德亦得[illegible]已成立之社會中，道德爲自己與他人共同生活之必要條件。故[illegible]之。然此獨在道德已在社會占勢力之時代則然耳。

不顧道德之社會中，則道德實生活之障害也。

更次若趣味之進步，謂爲自然淘汰之結果，則更覺困難。美感之銳敏或可爲生存競爭之武器，而趣味之平凡粗俗，決不能謂爲實際生活之敗因。其在今日已成立之社會中，則趣味高尚者或得受一般之尊敬，然決不能謂爲於生存有利。而一般民族競爭中則過度的美感發達者轉因文弱之弊而啓民族之衰頽亦歷史上事實也。

是故謂規範爲必然法則之經自然淘汰而進步以成者，其說不能圓滿。從純粹之有機體言，則有利於生存者存，否則亡。然若涉及於精神作用之範圍，則規範性與生存力不能成比例。然則規範意識既無益於生活，而猶能存續。且漸次日趨於發達，深邃精微者，其必另有一種原動力在，益可知矣。良心(廣義)者，獨有其自身之價值者也。其爲力也，非有藉乎他方面之方便而存立而發達，以自己之力而維持其自己之地位者也。故規範而一旦入於吾人之意識中，則不問其適於生活與否，卽能依其自力而支配吾人精神生活之全部。然欲明白此點，當離評價原理而另從一方面觀察之。

（六）規範云者，前所謂評價原理也。卽於必然的精神活動中，是認之或非認之之標準是也。然評價有二：有對他評價，有對自評價。吾人所受之要求，有出自他者有出自自己者。必然的所起之自己表象依論理之規範而檢查之；必然的所起之自己志意活動依良心而審判之；自己之創作自己之趣味訴之於美的規範而評價之。此對自評價者爲規範最高意義之所在蓋已不得謂爲評價原理而自成其爲決定原理矣。

顧就此點言則眞善美三者各自有其不同。其在美，則規範之意識與美之享樂及創作，無直接關係雙方皆不待規範意識之作用，而自然合於規範。享樂之瞬間，欲使感情自訴於美之法則乃屬不可能之事。而美的規範意識之反省決不能左右感情。如其能也則已失其享樂之義。創作亦有然，凡意識的欲求其自合於法則者決非天才的藝術家，大藝術家決不預存一法則觀念。製作於無意之間而自合乎規範。其規範乃由既成之製作品輾轉傳出乃始入於創作者與享樂者之意識中。此點爲美的機能之特徵，惟有此特徵故美規範不能自出乎評價原理以上。

其在（認識與意志）眞與善，則不惟可能更進而有不能不然之故。無論爲思考作用爲志意作用，皆不能不有意的律之於規範。故論理及倫理上之良心有左右思考及志意作用之力；卽評價原理上更有其決定原理是也。論理上之規範一旦爲吾人所意識卽有不能不然之一種責任感覺。科學之思考卽由規範之意識有意的施之表象作用者也。其在意志上則尤然。吾人雖有時未嘗意識規範而行動，然由規範而出之道德行動；其力至爲堅强，故此時之規範已不僅爲評價原理而直接爲志意之決定原理。

要之美的規範爲間接的，善眞之規範爲直接的，皆能爲精神活動之決定根據。不僅能也，一旦意識即有一種不能不然之心理的拘束隨之而起故真，善，美，之規範初由自然之中成一種的自然方式，然一旦自成之後，則即依其本身固有之力。次第發展；而能糾正支配其所由來之自然法。

（七）唯然而人格之意義可以明矣人格之核心。即綜真善美三方面之規範意識即廣義的良心是也。此良心非爲生活故而存在。彼其自身獨有其權威獨有其存在價值。而藉其自身之力以發展以實現者也。吾人自己之思考意志感情果合於規範與否，吾人乃自感有一種責任。而直接間接用之爲自己精神活動之決定原理，是即所謂人格也。若規範入於意識中而無一定之心理拘束或責任觀念隨之此非人格也。康德亦以良心爲人格之核心，彼其自身有絕對之權威。今惟將良心之規範擴充之不僅於道德方面更推及之於論理趣味之方面而已。

是故吾人能意識自己之本性，即認明此人格之威嚴——自己本身內良心固有之權威—則真「我」之自覺之謂也。是故真之自覺無論外力如何强大如何拘束決不因此而自身稍失其權威。卽同時亦決不爲「小我」「自然我」—卽個人之利害好惡愛憎之故而自喪其本體真之自覺必普遍必妥當。故非狹義小我之自身。乃爲普遍的大我（超個人我）所統御者也。

十三　要約　理性我之自律

若從「自覺」二字之廣義言之，則「我」之自覺史其在西洋思想之系統上當以米雷篤司派之哲學爲始。彼蓋對於傳襲的世界觀人生觀，始用其個人之思索者也。或更可追溯之於記事詩與抒情詩過渡之時。蓋記事詩爲客觀的事實描寫，而抒情詩則爲主觀的情感流動也。雖然此種主觀的思索情感僅能對外有所流露而未嘗對自己有所省察則嚴密言之尙不得不謂爲我之自覺。故真正之我之自覺史。當斷自蘇格拉底「汝當自知」一言爲始。蘇格拉底將從來專誠對外（宇宙）的哲學思索迴向於「我」而以「我」之省察，爲其畢生之事業。且由此而發見大我之至上權威。以爲行爲上終始之基準。此則可謂眞正純粹之自覺者矣。蘇氏之思想內容，雖尙幼稚，未明瞭，未徹底，然就大體之方面言，則實示近世思想以不可動搖之範。

詭辯派謂「人爲一切事物之尺度」彼等蓋亦廣義之自覺者也。然僅得謂爲消極的自覺而未能成爲積極的，彼所謂「人」不過自然產物之一。彼於此自然人。之外未嘗有所發見。故彼等雖反對泰來司等之自然哲學，而自身思想實尙爲自然哲學所支配。至蘇格拉底，則於此自然人之奧底，更發見一共同普遍之理想人故「理性之發見蘇氏之第一功也」。

個性依抒情詩人而從自然哲學中得解放，於是一變而爲詭辯派，排一切之客觀權威，而成隨意的虛無主義。再變而爲蘇格拉底則以個人同在的「理性」代替外在客觀傳統的權威。故蘇氏亦曰「人爲一切事物之尺度」顧蘇氏之「人」非詭辯派之「人」，詭辯派之「人」，自然人也。蘇氏之「人」，規範的自律的，超個人的理性人也。

自律云者理性之本質也理性自身爲真善規範之本源理性自身亦爲最高之立法者，蘇格拉底之尊重傳習與國法也，以爲是蓋爲吾人理性所承認者也。故理性不僅爲真僞善惡之審判者，且於吾人舍生活中有至上之權威。理性不能爲生活之方便，而生活當依理性爲標準。故彼以擁護有永久生命之理性故不惜犧牲其感性的時間的個人生命。故對於理性有强烈之信仰。而實行上能發見理性之至高權威則蘇氏之第二功也。

此種殉道的理性信仰，入柏拉圖而爲一度之開展。則向來專用於倫理上之理性，擴充之而及於真善美三者全體。於是真在與理想相一致而有所謂理想境 Idea 者，於是「理想的認識論」遂成爲「理性的玄學」而希臘哲學之黃金時代，所謂柏拉圖亞立斯多特之玄學體系於以成立。理性既玄學化而爲宇宙萬象說明之原理，則人的理性變爲宇宙的理性。而其本體之自律性又從而爲人所忽視。故蘇氏所發見之理性自律。在古代哲學中始終未曾完全發展。

近世思想之發展與希臘思想之發展爲一種平行線。此海格爾以來哲學家之常套語也。文藝復興時代之新世界觀新人生觀新政治觀及自然科學之諸發見，則對於客觀的教權下之一種廣義的自覺也。其對於客觀則反抗而對於自己則未嘗爲眞面目之省察。第十七十八世紀中以歐洲大陸爲根據之純理派亦於此點有同樣之缺點。近世以「我」之省察爲哲學中心問題者實始於經驗派之陸克，然陸克之「我」則猶是詭辨派的「自然我」也。故發展之結果雖較詭辨派之學理上實踐上的虛無說爲深邃，爲精緻，爲穩健，然結果終不免成休謨等之懷疑論，卽玄學之根本否定科學上之徹底蓋然論及實踐上之自然主義等是也。

迨至康德之批判哲學，則不以自然人爲對象。而以人類之立法機能。卽所謂「理性之批判」爲哲學中心問題。而理性之自律一點遂得成爲哲學之中心觀念。故康德亦以「人爲一切事物之尺度」而其所謂「人」者則與蘇格拉底同非自然人而爲規範的理想人也。故上古之眞自覺以蘇氏始。近世之眞自覺，以康德始。

康德之理性批判雖包含知情意三方面，顧理性自律之最高調則在其倫理說。故曰「意志之自律爲一切道德法及「合於此法之」各種義務之唯一原理」Die Autonomie des Willens ist das alleinige Prinzip aller moralischen Gesetze und der diesen gemässen Pflichten. 對於此說尼采常攻擊之，彼以爲康德以直言命令爲倫理之根本原理，然命令 Imperative 豈能不豫想受命者 Imperator，道德之本性爲命令的，然因其必然之結果則必當爲他律的故道德與自律絕對不相容。近來自然主義亦多附和其說。其實尼采於此說實極淺薄，彼於康德哲學之核心中最深邃之一點未曾見到。蓋道德之世界命令者卽同時爲吾人自身內在之立法者。此則康德之創見也。尼采於Zarathustra（察蘭度拉）中所問：汝能自身與汝以善惡乎？汝能以汝之意志自變為律法乎？汝能對於自己為法官為律法之復讎者乎？康德則早於實踐批判中答之曰，「人但見人類依其義務為律法所拘束，殊不知人類實服從其自身的而且普遍的律法者也」「我自己所定以外無論何等律法皆不服從」。此為「理性的生類品位」之根柢意志之自律，即吾人內部實踐理性之自己立法，此即真正之自由也，故真實之律法與自由相要求不相衝突。無法，無拘束，則不自由矣，外界之奴隸而已矣。自律之意志，自由意志，順依道德法之意志，此三者為異而實一物者。

自律不僅為道德生活之本質。而亦科學之本質也。科學自律云者不僅謂科學於自己之範圍內，有絕對之權威，更有其內在的本質的自律。即科學家，創造其科學方法之概念，依自己特異的。（非個人之特異乃科學思惟上之特異）先天的豫想而整理一切材料彼非事實之受納者模寫者。而事實之法官審判者也知識者非思惟對於事實之順應而事實對於思惟之順應也故科學對於事實之悟性立法也。

康德之理性自律說，首於實踐哲學，次於認識哲學，皆極明確極徹底。然自他哲學部分中，尙不免含混。故若本此精神而將康德當時所受之啓蒙思潮，成立宗教等諸影響，凡與此自律說不能相調和者，淘汰之洗鍊之，則今日理想主義所取之途徑也。於是而藝術而宗教皆可適用此自律說。

藝術亦自律的也。第一藝術家自身，實爲藝術之立法者。藝術家之目的不在外的自然之模仿，而在借自然之機會以表現其自己之內在。故非自然之奴隸而藉自己之規範而征服改造自然者也。唯其規範與實踐認識等不相同，而自有其範圍故藝術於其自身之領域外，不隸屬於任何事物。既不干涉其他範圍而其他範圍亦不得而干涉之。既無前階亦無方便。故快樂主義，康德於倫理學中排擠之，於美學中亦排擠之，所謂「爲藝術而藝術」者也。

宗教亦自律的也。第一宗教依其特有之預想特有之世界觀故不屬理性生活範圍以內亦非以生活爲前階亦非爲生活之方便。以宗教爲哲學之前階爲道德之方便者皆謬說也。第宗教之信仰亦不能屬於自動而排斥客觀的强制。强制之信仰非眞信仰也眞純之宗教爲主觀與客體之直接交涉中間無媒介之必要是故宗教體驗之自律由宗教之開宗者或改革者以最純粹之形表現之而一般宗教之純駁亦得以此自律驗之。

要之理性生活在人文上雖依種種形狀而表現然一言以蔽之，皆自律的生活也。故人類非支配於自然而道德而宗教而科學而藝術皆依理性的先天立法作用而成之。而此種人文活動之種種形式，皆各自有其特異的先天基礎各自造其世界。既非附屬品亦無方便亦無前階自立法而自服從之。此所謂自由也。此理性生活之根本特徵也；古代依蘇格拉底而開其端，近世依康德而大其緒。而近時則更於此加一番洗鍊者也。

下篇

近世歐洲哲學思想變遷之大勢

物然說　理然說　目的批判說

（一）

觀近世歐洲哲學，思想之變遷，大概可別之爲三說。曰物然說。卽自然的必然說。所謂純唯物論機械說是也。曰理然說，卽精神的必然說。所謂純唯心論汎理說是也。曰目的批判說卽以康德爲中心，而繼承之以形成今日德國之西南學派是也。此三種思想狀態又可大概劃定爲各時期。本來談哲學而隨思想狀態以劃分時期，其間極容易發生誤會。因各時期亦各有各人之狀態方法，而不能一律以定型繩之。卽就某一種之哲學體系言，其間雖有一種占主位之思潮，而其他思想亦混淆於內。然就大體言，則上述三說，實於近世哲學之一定時期中，形造成一種根本傾向。若於各時期中試取某一種哲學體系而考

con之，則一種根本傾向中常有不易調和之別種思想，與之同時存在。其結果遂引起思想之乖離與不徹底。此種乖離與不徹底又得爲自省之誘因。於是當初區別不明確之思想漸漸見趨於明確。此亦近世哲學思想發展之一大關目也。下文所述並非一種特別研究，不過從普通哲學史上拔取其關此種發展之知識一爲單簡述之而已。

（二）

今當先就此三種思想狀態之性質及其時期概述之：其第一物然說，卽以自然科學之方法適用於哲學上之對象，一切皆以爲因果的必然而成爲自然的機械說。因果必然者自然科學之前提。非自然科學之結果。故從此說者，其究極必歸於自然決定論。而非價值Wertfrei之世界觀與人生觀，於以成立。自歷史上言之，則主張此說者未必皆爲非價值論；然徹底言之，其論旨必歸於是。時期中以此種思想首主流者，爲十七十八兩世紀及十九世紀中葉以後。

其二理然說則與機械論成正反對而純粹、從價值、及目的立論、。且以此爲宇宙之根柢而一切事物皆爲宇宙理性（精神）之發現。故從此說則亦一必然說也顧非自然的而爲精神的。故或曰理性必然的 Vernunftnotwendig 或曰目的觀必然的 Teleologischnotwendig 或曰理想必然的 Idealnotwendig 要之皆表示同一之意味。（惟此語亦有時習用爲另一意味如康德第三批判書中以目的觀爲非學 Wissenschaft 而爲理性必然的觀察法 Vernunftnotwenige Betrachtungsweise 又目的觀必然的等語在德國西南派專以之與自然必然觀對待而並無關於宇宙根柢等之玄學觀念）要之在目的論的玄學上則以一切事物皆對於宇宙目的有必然之意義。（理想或理性價值之玄學化，皆植其礎於藝術的及倫理的要求，故亦得謂爲藝術的或實踐的）故第一，物然說爲非價值論，而此則極端變爲汎價值論。此種思想法實形成十九世紀初期之哲學，或爲廣義的浪漫哲學之主潮。

此二種一則爲徹底的純機械論，一則爲極端的汎價值論，二者以對角線成正反對之形而又有其共有之特色。其一，兩者共爲玄學的是也。物然，理然，云云者，不認之爲吾儕人類觀物之法而認爲物本體自身存在之法。其二，兩者之價值觀，其實皆爲平等(至少或得謂之)爲相對。前者，視各事物皆爲無價值。後者，視各價值皆爲無差別。代表物然說最徹底之哲學則斯賓挪沙之數學決定論是也，代表理然說最高調之哲學則海格爾之汎理論是也。此外浪漫期中理想主義的汎神論或富於宗教性之許耳梅及後期菲希德等等哲學亦皆爲汎理論之代表者。

於是有第三派。則爲認識論的且自價值之反對及絕對性出發，而另成目的批判說。蓋自第一物然說言之，一切皆爲機械，無眞無僞，無善無惡皆必然而已矣。而自第二理然說言之，一切皆有價值皆爲對於全體任務 anfgabe 之實。然第三說則以爲必然之中不問其發起之誘因如何，其位置如何，必有一絕對之眞絕對之善在其內依特有之方法而研究此絕對價值，此則哲學家之任務也。此說在十九世紀末以康德之批判論開其端，至菲希德而更發展。唯至菲氏其哲學中已含有第二理然說之色彩，而當時浪漫派之思潮益助之張目。然至十九世紀及二十世紀之交，則第三說又復興，以成德國哲學之主流。以康德批判論爲中心，前則與十七十八世紀之物然相對抗，後則與十九世紀初元之理然說相對待。

今既述時期之大概。更當一攷其歷史的變遷。唯所當注意者，則此三種主流以外尚有若干小流，如浪漫時期中則有以志意之衝動爲根據之叔本華哲學。又以宇宙根柢中有理性非理性兩元論之錫靈格哲學是也。

（三）

康德以前之近世哲學大概別爲二派，其一爲以英國爲根據地之經驗派。其二爲以大陸爲根據地之純理派。然二者皆同以自然科學之方法適用於哲學。故近世哲學無論爲經驗派爲純理派要皆以文藝復興時代科學方法上之自覺發其端。

此種自覺蓋得自兩種重要原因。其一爲科學的良心之解放。其結果爲天文，地理，物理上之諸發明。其二爲宗教的良心之解放。其結果爲德國之神祕說勃興及宗教改革。然當時哲學二大派之鼻祖倍根及笛卡兒受宗教影響甚少，從消極方面言則教權之解放實爲新思想發展之先聲，然神祕說及宗教改革等宗教良心上之積極建設，殆未嘗有直接影響於兩家之思想。倍根無論矣，卽笛卡兒腐心於神的存在之證明，其動機實不出於宗教，而在得確實之認識。

是故經驗論與純理論，兩者雖立於正反對之地位，而實同出於一源之自然科學。文藝復興時代之新發明者，若歌白尼，若加利來，若克伯耳，其所用之工具不外二種，其一爲訴諸直接之感性經驗。其二爲由於縣密之數學計算。然當時諸科學家對於其自身之方法，尙未有明瞭之自覺深切之反省。而研究此科學成功之原因—即科學的方法—者，則倍根笛卡兒也。故倍根以感性的經驗爲眞正認識之唯一泉源，故精練其經驗方法以成歸納論理學，而爲經驗哲學之祖。笛卡兒則取範於數學，以數學的演繹研究一切對象，而爲近世純理哲學之祖。

依此種方法上之自覺而成之近世哲學，雖後來受宗教改革及神祕說之影響，而其根本主流未嘗或改。然其中笛卡兒派則受神祕說之影響極早。即機因論者之馬伯蘭實爲笛卡兒學派之代表而頗帶神祕之色彩。其次則更有徹底的將純理論與神祕說化合爲一之斯賓挪沙。而來伯尼之哲學，亦以宗教與科學之調和爲其中心目的。其原子論 Monate 則含有極深邃之神祕觀念。故大陸哲學自笛卡兒以來逐漸發展。次第近接於近世的個人自覺之第二契機。然其方法上則仍以自然科學爲根據。大陸派旣以數學演繹的方法，適用於玄學；而英國則以經驗的歸納法應用於科學範圍外之精神現象，將心理學倫理學認識論以經驗方法論究之而自成一種固有之傾向。

是故康德以前之哲學皆應用科學的方法而成。而欲以此種方法適用於從來哲學上之重要問題——價值論，則極不適當。吾人以科學家態度可以離去價值而考察事物；然既爲人。且從哲學家眼光視之則捨值而論物實爲不可能之事。且吾儕於因自然的要求而發生所謂欲望價值 Bedürfniswert 或利用價值 Nützlichkeitswert 之外，又因理想的要求而發生「當」「不可不」Sollen 之感，卽眞善美之理想價值。或理性價值 Vernunftwert。此理想價值，實爲古來哲學之重要問題。其中唯美學一項比較屬於近世，至於論理學及倫理學則思考之規範與行爲之理想的評價實形成哲學之主體。哲學之最廣義以立一世界觀爲目的，而世界於現實以外尙含有一種價值。康德前之近世哲學，亦以價值之研究爲重要，而未嘗得適當之方法。至康德乃得之。卽所謂批判是也。

（四）

哲學上有不可放棄之價值觀；而科學上則由自然而成非價值觀。於是以科學方法而論哲學，其間不能無乖離之點。此種乖離於康德以前之近世哲學中，已依種種有趣味之方式而發生。今先觀純理派：

康德以前之純理論的玄學者，皆立於認識論實在論之上。卽預想以爲純理的思考之結果卽玄學上實在之眞。彼等既採用徹底的數學方法，故所謂實在亦得以數學的決定之。此種方法觀與世界觀之並行論，其最顯著者，卽爲斯賓挪沙。蓋其方法既取最嚴密之數學以爲準，而其世界觀亦爲徹底的數學決定論。數學的思想方法爲非價値的，故世界觀亦自然而然爲非價値的。三角形內三角之和等於二直角，幾何學者果不問其何所爲又無從斷之爲善爲惡。唯知三角形本質中有此必然性而已。幾何學者以對於此種「形」的態度，對付一切自然人事，故其目光中自無所謂目的與價值；此則斯賓挪沙之所謂眞正。認。識。也。斯氏以謂對於人間一切行動當不嘲，不悲，不厭，唯當。理。解。之。以此爲哲學之天職。「以愛，憎，憤怒，名譽，共感等一切情念等於空氣之冷，熱，風，雷，不視之爲人性之過失而視之爲人性之固有性質」此則斯氏之所謂哲學見解也。吾儕平常支配於想像 Imaginatio 支配於價值及目的等觀念以觀萬有，故偶起妄念，遂有嫉妬恐怖憎惡失望等情念以擾亂我心曲。故能若幾何學者之視點，線，面，體以觀人事之一切現象，則此種情念自無發生之餘地。自自然現象以迄於人類之身心活動，一切皆視爲神之必然現象。哲學者於此，則無所惡無所好無所笑無所憐。故從理性之絕對言，則一。切。事。無。善。惡。單。爲。一。種。必。然。之。動。作。而。已。

故斯氏世界觀之核心，純乎爲數學的決定論，以必然二字，將價值目的，一齊抹倒；惟其人生觀雖爲明確之自然主義，而背後則含有強烈之理想主義。此當求之於斯。氏。哲。學。之。心。理。的。動。機。而色彩最顯著卽爲其知性改良論。De

Intellectus Emendatione 斯氏以爲人生一切之不安苦惱皆因對於無常（有限物）而有愛着心而起。故曰「凡事爲吾人所不愛者決不能因此起爭亂；例如此物爲吾所不愛，則雖消滅，吾亦不從之而悲哀。卽爲他人所有亦不至於嫉妬。於是既無恐怖，復無憎惡，而精神上之擾亂不安，卽無從而起。」吾人之愛富，愛貴，愛特別之人，愛特別之物，要之皆生滅無常之有限物也。是故富去貴去人去物去，而爲之悲，爲之妬，或羨之或惡之，而支配於喜怒哀樂之情，輾轉不能自已。「然使所愛者，若爲永久無限之物。則能以法悅養精神而解除一切之煩惱」此種愛則所最願者也，則所當放棄一切盡全力以欣求之者也。蓋至是而斯氏乃以最高之理想區別物之愛值。惟此種價值非若康德派所主張之絕對價值，卽以解脫淨福爲條件之價值論也。其實斯氏之實踐上價值觀，實基於嚴密之認識。彼於認識上既認絕對之眞，而理性(Ratio)而無容心的數學方法，亦並非爲解脫淨福之方便法，而自有其絕對的價值。若想像 Imaginatio 若關心，所謂「當」Sollen者殆無意義。其理想主義之倫理說既不可能，而謬誤之存在亦不可解。笛卡兒欲立眞妄善惡之別而歸其咎於志意之自由則同時於其科學方法之思想又不徹底。此亦價値觀與科學論之乖離也。

（六）

來伯尼茲之原子論，以反對斯賓挪沙之非價値觀，爲主要動機之一。來氏以爲若事物——乃至於吾人之行動——皆屬決定，則道德上之精進努力將全屬諸無意味。吾儕精神有自由之感念依自己之力而活動，對於自己之活動而感責任。此非精神爲自由活動之證耶。若精神而不自由而爲實體（斯氏所謂）所決定，則個人道德上之責任實無成立之餘地。故斯之實體論，背於吾儕之道德感念者也。來氏因此而有原子說。然原子說之進行，又自然與斯氏之說漸相接近，而結果又變爲決定論。此蓋一方雖有強烈之精神自律的要求，而一方則其方法仍爲科學方法所支配故也。斯氏之極端純理的實在論，至來氏遂逐漸緩和。其在斯氏則思考上之必然與實在上之必然全然同一。而來氏則別真理為二種：第一種名之曰幾何的真理，或曰玄學的真理。第二種名之曰事實的真理。例如三角形內角之和等於二直角，吾人無法對此存反對之想，反對卽矛盾也。若曰今日下雨吾人卽可同時想及其反對方面如今日晴天，此則決非矛盾。故今日下面非思考上之必然。而事實上之必然也。故前者為幾何的必然，後者為事實的必然。前者為絕對的無制約的必然，後者為制約的假定的必然。前者包含於本體之內之必然，後者待事實而成之必然。支配前者為矛盾律；支配後者為因果律也。

此種學說，較斯氏之極端說固覺和緩。然其為必然觀則一也。自然界與人事界之事實非思攷上之必然，卽為事實上之必然。非矛盾律之必然，卽因果律之必然。此種必然觀，於來氏之玄學卽原子論中已甚顯著。卽各原子 Monate 本體上皆各有其絕對之自由，而凡物皆支配於嚴密之理由律原子為不絕之轉化其某一種狀態，皆屬前乎此者之必然結果，同時卽爲後乎此者之必然原因。故人類精神雖未嘗支配於外物，而對於必然則無反對之餘地。故來氏之說人名之爲「自律的決定」論 Autonomische Determinismus

不獨此也。若以原子說與神學論相結合，則來氏之決定論乃更徹底。來氏以原子爲神之造化。其獨立爲神所賦與，其調和爲神所豫定，故原子之自律，神與之自律也，爲神所決定者也。

最後然則神之意志果自由耶否耶？來氏之神，則篤馬司學徒之神也。其志意依眞善之理法而決定。來氏以爲於人則有思考與事實必然之別，而於神則一而已。故來氏之神。隨不變之理法而行動，則一種立憲君主制也。

今若以此見解而比之斯氏，則來氏之神爲必然所決定，與斯氏之實體神實相一致。而從所謂豫定調和說觀之，則個體之活動，實被決定於神之必然意志。來氏與斯氏之不同者。唯來氏之神爲超越的。斯氏之神爲內在的。來氏之神以人格的志意活動，斯氏之神則無人格而已；故斯氏爲汎神論，來氏爲獨神論，而其同爲決定論則一也。

來伯尼茲哲學動機，既在原子之自律；且欲以之救護道德之「當」，顧亦不免於決定論者，其種種原因中之最重要者，則彼之思想仍爲科學方法所支配，而以其所謂「充足理由律」者爲根本預想故也。彼之「辨神論」中所謂價值平等觀或相對觀，實與此決定論有密切關係。唯彼之心中目的，在調和科學與神學，而欲以後者隸屬於前者，故其價值之平等相對觀；甚有似乎理然說，即汎神論是已。故來氏以一切爲服從真善理法之神意所決定，而個體之作用，因對於全體之目的實現，而生價值。故彼視部分之惡即爲全體之善。例如藥味可以增食料之香，不調之音可以高全曲之美，部分的觀之爲惡全體的觀之爲善。此皆從玄學上地位上言當然之結果也。康德於批判前期奉來伯尼茲及伏而夫哲學，全部採用此最善觀，故著「最善觀論」Versuch einiger Betrachtüngen über den Optimismus 然卜洛司機所傳，則謂康德自入批判期，頗厭惡此書，不願人談及之。而費歇則解之曰此最善觀以二事爲前提，其一以論理的論證爲有玄學上之妥當性。其二以宇宙全體得爲人間認識之對象。然批判期中之康德則全然將此二豫想破壞。然二項之外尙有重要原因：蓋最善觀爲價值之平等觀或相對觀；而批判期中康德之根本豫想爲價值之根本對立 Antinomie也。

要之來氏哲學，初由反對斯氏之決定論非價値論而起，而結果乃仍陷於決定論。斯氏最初爲極端的機械論，而背景則含有强烈之理想。此皆康德以前各哲學家自說中之乖離也。

（七）

此時期中之英國哲學家，則有獨創的代表英國固有傾向之陸克及休謨，二人俱不以玄學爲其中心問題。（此外霍伯士則受大陸純理論之影響，巴克來則受大陸神祕派之影響）陸克唯於認識論之緒文論及之，而休謨則依其從來對於實體概念及因果概念（純理的玄學之基礎）之消極批評，更明白否定玄學之存在。故英國未嘗有徹底的決定論如斯賓挪沙者。然陸克與休謨皆以認識論爲中心問題而以科學的方法—卽心理學—研究之，此則對於康德之批判法有直接切要之關係者也。此兩家哲學之於康德前者有積極的關係後者有消極的關係。

康德批判哲學之特徵，吾儕可舉其最要之兩點。第一哲學之研究當自認識能力之批判—卽論定認識之權能限界—始。知能之權限未明而卽欲據以論究玄學上問題，此爲康德以前之獨斷的玄學。經康德乃始一變其態度，顧此種態度其論實開之自陸克。陸克之倡此說也，一則由於英國人處處着實尊經驗而嫌空想之國民性，一則由於當時支配英國實際生活（政治上宗教上）之時代精神。而陸克實爲其代表。自己制限自由，而於此制限之內欲獲得十分之權利；（立憲政治之動機）此種並行現象，實爲批判哲學之根本態度，而其產地實始於英國；此則康德哲學所受之積極影響也。

第二則於知情意三方面同時探求其超個人的先天機能，以此爲中心目的而發明適用於此目的之新方法。此種態度早存於純理哲學中（自古代柏拉圖始）顧未曾十分洗鍊。先天觀念之思想嘗爲德國神祕說之中心。至近世而成機因論，或爲馬伯蘭之神祕哲學，或於宗教信仰中依不明確之形保存其生命。至康德乃始爲學的發展。其精練之結果，乃使吾人知超個人的規範之淵源，實含於吾人自身之中。其研究方法亦爲康德所獨創，遂以開後世新哲學態度之端。

（八）

康德之創見，蓋謂認識論者，論究認識之價值者也。故不能用從來認識論之方法而當另闢一特效之途。康德以前之認識論亦有以眞僞之詮義爲問題者，然其方法爲心理學的；故無論爲眞爲僞，其在心理學上則皆屬事實皆屬法則，故記述的說明的心理學皆無價値之可言。故欲將認識論成爲研究認識眞理價値之學。則不當從精神之本性，觀念之起原等豫想出發。而當從無論何人不能不承認之認識理想概念出發。此理想概念卽爲康德認識論之中心問題所謂先天總合判斷是也。

先天綜合判斷之探求，在康德則不僅於認識論中，且於人類全體意識中卽知情意三方面同時欲求得其先天原理。此實爲康德全哲學之中心。康德以爲所謂眞者之思考所謂善者之行爲動機所謂美者之情感皆有以異乎一般之思考行爲情感。何者，一般則有好惡利害得失之條件，適於此或不適於彼。而此則絕對必然普遍妥當的也。顧此所謂必然云云，普遍妥當云云，不屬於事實而屬於理想。卽非事實上一切之人，皆作如是想如是行如是感之謂，乃一切之人皆有「不能不作」如是想如是行如是感之自律的動機是也。偶然之表象結合支配於利害得失之意志作用及感性上之快不快等，决不能强一切人類趨於同一之路。而所謂真，善，美，之特性則卽在此能該一切人類以不能不同一。此則不屬於外界；而屬於知情意本身固有之特性所謂先天原理是也。康德之批判哲學則所以探求此原理者也。

此種先天原理，對於一般之經驗意識（卽由自然而發生之知情意的活動）有命令其服從之權，而同時可以評價之，規正之。康德名此原理曰先天規則，Regeln a priori 今德國西南學派，名之曰規範，而以爲康德哲學，實以此規範意識之研究爲中心。自然的或經驗的表象活動凡合於此先天真的規則者，始得名之曰學的判斷，始得據此而有求真之權利。意志活動感情活動亦如之。必其合乎先天規則也，始得曰道德的判斷曰趣味的判斷。故自然科學之世界觀非若前此爲實在之模寫，蓋將已有之雜多感覺依先天原理而撰擇之而得其一致者也。以永存律因果律等先天原理爲基礎而選擇其材料之適於此者，用以築成科學者之世界。故科學者之任務當然應貫徹其決定論機械論等之思想態度。以自然現象爲有目的則科學者之自殺也。

故科學家於其自身之範圍內有貫徹其主張之權利。顧此權利則有界限。蓋科學只能對於現象成立其自然觀，而不能名之曰世界觀。世界云者，則現實與價值同時並存較自然與現實更爲擴大者也。

（九）

康德於哲學史上既著其偉大獨創之成蹟；然尚有種種不備之點：其一由於當時之獨斷哲學，傳統信仰啓蒙思潮，心理的認識論等，與康德中心思想不能相調和之混淆物尚含於康德著作之中。其二則康德於理性機能，先天機能（例如感性悟性理性或悟性內之十二範疇等）下以種種之區別，而其間尚缺組織與統一。淘汰各種混淆物而組織一系統的理性機能，此爲康德後多數哲學家之任務。最初指摘康德之第二缺點者爲蘭因虎得，而繼承之者爲菲希德。

菲希德以爲欲理解吾人理性活動之組織聯絡，而於自然的必然性中求得其一以導出其餘此不可能之事也。何也，蓋由「純粹理性批判」言此自然法的必然不過現象之理性形式，而不能適用理性之機能。故其組織連絡，唯當求之於理性之絕對原理。此無他，即目的是也。故理性之種種機能，一以終極之目的爲歸。此即菲希德所唱道之目的觀的方法。爲其重要創見之一者也。然所謂目的，則即以康德之「實踐理性上位」說擴充之而適用之於學理理性；故其淵源仍在康德。要之菲氏精神，實在發展康德之緒，用批判的方法以成目的論。使康德之批判法，加一層洗鍊整齊，而成爲統一的組織的。唯其思想，則受浪漫時期所謂思辯派之影響，爲所謂先天的構成法 Methode der aprioris-chen Konstruktion 及玄學等所妨害，故其途雖開而未能爲順正的發展。

（十）

菲希德精神之所以不能順正發展者，其因有二：第一，因菲氏之方法取辯證的形式故。輕視經驗而以理性活動之種種形式及自然人事之種種現象，一一歸之於先天的構成，此思辯派之特色也。思辯派自名其法曰「演繹」其實此「演繹」法乃非康德以前純理派之所謂演繹，實廣意義之一種之辯證法也。此辯證法於康德之範疇論中已見其端，而引申之者則菲氏其首也。菲氏以爲若康德之道德法完全實現，則結果爲無對象使課題與答解完全一致，則所謂理性機能實爲無用之長物。故理性之課題，與實行之答解其間必有矛盾，而理性之活動乃顯。矛盾遞演而無窮，而理性乃隨之以俱進，此所謂「演繹」而實開海格爾辯證法之端也。辯證法至海格爾而集大成。顧多數之規範公理，欲以純思辯的方法「演繹」之；其事爲不可能。故勢不能不求之於經驗材料，固非曰本此以求妥當性，（此則屬於心理學的方法）然欲以規範公理爲目的之基礎，則其手段自不能不採用心理學與歷史科學。（此事詳後文）

其二則卽所謂超個人我的理性之玄學化是也。理性旣玄學化而爲至高的觀念論者；則錫靈格也。生於宗教敬虔宗之家，受神祕的感化；以宇宙根柢爲不可思議爲神祕，爲絕對憑感之對象者。則許來梅是也。居陰鬱之圍氣中，而對於生存抱强烈之欲望不能自撫故否定理想。而以宇宙根柢爲出於意志出於盲動的生存欲者。則叔本華也。至於海格爾，雖不若上諸人之偏於情熱空想，而以冷靜的思辯客觀的考察爲事；然自他方面言之，明知宇宙說明必不免有不合理的剩餘，而仍以宇宙本體爲「理念」Idea 視萬有爲概念之發展。而主張其論理的觀念論，則亦此特異性格之反映也。

不獨此也，此時期之思辯的玄學之根本，所謂理性玄學化者，其範圍乃不屬於認識而屬於信仰。果也此種信仰，實本於良心之體驗，不得謂爲迷信爲空想；然嚴密言之，則非學也。既無直接之自明性，亦無純粹之論證事實。在哲學體系內此種體驗，予以一定之位置，於一定之範圍內與以一定之權利，未始不可。顧欲定言的專以此爲哲學之出發點，則大有背於學之本旨。哲學之出發點非爲直接明白的，則必當有方法以說服人。不然則當爲制約的或假定的。康德之認識論以無論何人皆當承認之先天總合判斷爲出發點。康德以此理想概念爲衆人之所不能不承認。若有不信者，則有法可以起其信。若至是而人猶不信，則康德必曰君與我之哲學無緣，吾此後不能與君談哲學。今乃將康德之「一般意識」成玄學化而推崇之以爲宇宙根柢。則既不能自明，又無法以論證。然則作爲假定乎。其本性又屬不許。蓋康德所謂先天合總判斷之概念云者實爲吾人所造之理想概念。如無此概念者則吾人可放任之，然若從玄學上立言則此概念屬諸物之眞性，其說爲不可動。海格爾等之以信仰成玄學之豫想也，則亦浪漫風潮之影響爲之也。

以「規範」「一般意識」屬諸謂宇宙根柢，則純乎其爲汎理論也。卽凡諸現實皆屬合理，唯其合理始能現實。所理然說也。於此而康德菲希德所謂理想世界與現實世界；「當」之世界，與「是」之世界之區別完全消滅。其在康德與菲希德以當爲道德精進之目標。而此當爲永久不能到達之天上星辰。至海格爾則以否定此兩界之乖離。此爲其哲學特徵之一。在海氏以爲兩界乖離，此世界觀察之誤謬也。如視此世界爲合理的則現在實有之是之世界卽同時爲當之世界，而事實理想決不成反對之形。現實之世界者價值或理想之必然的辯證發展也故價值當然爲平等爲對待而同時乃引起唯物論與虛無說。其在海氏自身並未有意主張平等觀唯物論虛無說。然既將當之世界與是之世界合而爲一則所謂「當」者自無意義而規範之根本意義，所謂對於現實之評價者失矣。於是而有否定理想之唯物主義，於是而有否定絕對價值之歷史主義，於是而有絕對懷疑之虛無主義。蓋謂凡事當其肯定時已成破壞之機而真理者卽非真理之原因也。至於變態的發展則有取超然態度，而以絕對避去肯定否定爲最高理想者，要皆海氏之末流變相也。

不獨此也，自然界無論何時何事有不能爲合理的所說明之剩餘。在海氏則名之曰「偶然性之領域」此在康德名之曰「物自體之感觸」菲希德名之曰「我」之自己制限。或曰「無根據之行動」。凡此皆不能以純粹理性說明之者也。顧在非汎理論之康德菲希德等唯從自然界之方式上或從主意說而承認理性之立法力，則此剩餘說爲可通。而在汎理論之海格爾，則此說實爲其弱點。故即從此點言，則哲學家勢不能不改其放膽的浪漫態度而返之於細心批判，亦可見矣。

浪漫哲學若名之曰概念的世界詩，則亦世界之偉觀也。至於海氏之論理學哲學史其細密概念的勞作，與犀利的史之考察，亦甚可驚嘆。然欲活用此種有價值之材料則不可不先改變其汎理論及辯證法之態度。

（十二）

此種汎理傾向尚有別派；則後期之菲希德及許來梅所代表之宗教色彩是也。有如斯賓挪沙所謂「神之知的愛，」其表面爲純粹之非價值觀而其內在則爲汎價値觀依其神祕的體驗而爲覺著明。菲氏及許氏則亦以此宗教體驗爲基礎而建築其理性宇宙化之玄學者也。

菲氏著 Amocisung zŭm religen Leben「靈魂生活之啓示」則謂「人苟得沐神之愛，則一切現象皆粹然自其內面流出，而無俟乎勞作」。而對於外界之事物則「不問其理解與否，一切皆知其爲神知其爲無不善」故當初區別「當」「是」兩世界，而奬勵吾人無限之精進者，晩年乃依其宗教之體驗，而將兩世界合併。至於許來梅，亦大概同其說。卽視一切爲神的生命之流出，與斯賓挪沙之學說相結合而成觀念的汎神論。

此種世界觀，其在學之範圍內，當然應與海格爾等，同受嚴格的批評；然其中實藏有最眞純之宗教體驗。然則從哲學上果有何等之意味乎？往者對於十七十八世紀之科學的非價値論，則有康德使哲學能自定其權利自定其限界，今對於此神學的汎價値論果亦有同等之方法乎？

（十三）

自海格爾以後，迄前世紀約七十年之間；全歐若英，若法，若德，理想主義之勢力，大衰，而科學的世界觀即機械論決定論，非價值論，乃大有勢力；而以德國為尤甚。唯物論之跋扈於學者間雖為時不長，而於一般民衆中擁有絕大勢力。唯物論之「聖經」所謂「力與物質」，及叔本華之理想否定論乃同時成為一種通俗的書籍。

理想主義之衰於德國也，則國民之政治事情實為之。蓋自擊敗拿破侖以後，勃興之國民精神四十年中德國統一之望終不能達國民志氣為之消沉。痛感向上努力之無效，理想精進之無意義。於是薄理想而重現實之唯物論，厭現世而樂涅槃之消極說，隱合國民之心理，而大為所歡迎，此外則海格爾學說自身之缺點亦為直誘因之一。至於從美法德三國共同之點言之，則不可不明白前世紀以來自然科學之趨勢。蓋自十七十八世紀自然科學之領地開拓極難。

至近世，其勢力入於生活現象，而成效乃大著。從前如笛卡兒斯賓挪沙等亦以生活現象之機械的說明爲可能，顧不過想像，而未得確實之實驗。故反對機械論者，每以「生活現象」四字爲最後之武器。即如牛頓亦以有機物之說明爲機械說明之界限。然至十九世紀則生活現象之機械說明，乃漸進於精微之域，而竟入於實驗之途。於是比較解剖學醫化學生理學之研究及活力 Energie 不滅等之發見。將「生活力」之概念打破，而拉馬克達爾文等之進化論於以成立。浪漫時代之崇高價值感情一落千丈矣。

此種物然說於千八百七十年前後達最高點。而自六七十年後則有康德哲學之復興，而理想主義之哲學遂以種種之形向各方面發展，而成所謂新理想主義。其中最著者，則所謂德國西南學派之目的批判說是也。

（十四）

此派以價值之研究爲哲學問題之中心，其哲學之部分，則爲論理倫理美學等而最後之要點則爲價值與現實之統一及結合而成所謂世界學者。Weltlehre 其要點爲價值學 Wertlehre 其最注意者則此學之方法也。

吾人不能以心理的方法，論證價值。故康德不取之以爲認識論之方法而先規定真理之理想概念再從此以求相適之表象結合。此則所謂康德之批判法也。此種方法隨對象之不同而擴充之於是更以之適用於倫理學及美學。至菲希德則更欲求此各種理性機能之統一及組織故從倫理論上確定理性之最高目的。更由此最高目的而「演繹」以成各種理性，此則所謂菲希德之目的觀方法也。但菲氏僅取純先天方法（卽辯證法）故事實上不能引申擴大而反成爲玄學化。至海格爾之汎理論則以玄學的豫想爲基礎。欲由此而引中價值之體系；於是有二失其一以其體裁不能名之曰嚴密之學故僅得名之曰概念之詩。其二所謂價值，乃成相對乃成平等。而失却「當」之意義，與批判法之根本精神相刺謬。哲學上欲得多樣之規範，其勢不能不有賴於經驗的材料，而欲嚴密守所謂學之體裁，則其出發點更不能不加以審慎。

然此經驗的材料果在何種意味下而運用之乎？若置規範之基礎於經驗材料中。（卽從經驗中而抽出規範）則卽所謂心理的方法，非正策也。經驗之材料，自前世紀以來日加豐富。其在康德之時僅能以自己之體驗省察爲資源，而一世紀來世人所呼爲史的世紀者，則以史的科學之勃興；卽科學史美術史文藝史道德史哲學史之研究，及空前之盛；而示吾人以人類歷史上有種種之價値及「有價値對象」（卽價値與現實之結合者李開得名之Güter）然材料之資源雖富，而其効力之於原理上則無變化。蓋所供給者無論若何豐富，總之不過爲心理的或歷史的妥當而不能保證其自身之妥當也。故若專據此種資源則吾人將誤認心理的或歷史的制約以爲與規範意識有同樣之絕對價値。將以適於個人或多數人者誤以爲普遍妥當，適於全體；此則危險之在論理學範圍者尙淺而在倫理學及美學上則甚大也歷史上誤以特種之社會事情所發生之思想感情，爲有絕對的價值者，其例不鮮。故若以批判法爲僅僅從歷史中搜集材料求得公例則不免有一種危險即依一事之直接明證而即誤以此爲普遍妥當是也。批判法欲避此險，故不能不立一種組織的標準以爲材料取捨選擇之資而非希德目的觀之精神尙矣。顧今日之目的批判法則較菲氏爲改良，即第一：先豫想一無論何人不能不承認之根本目的第二爲實現此目的故更有不能不承認之制約第三用此目的及制約，以統御各種之歷史材料，視材料爲機會的非基礎的，此則德國西南派哲學根本方法也。

再詳言之，則論理上之定理，道德法，美的規則，等之妥當性無論用演繹法或歸納法皆無法以證明之何也，既曰公理規範矣，則其自身實爲一切演繹之基礎。欲從此而更求其高者普者不可得也。至於自歸納所得者則不能要求其有普遍妥當性，蓋此種法則吾人得名之曰真者蓋基於理想上不能不然之豫想目的，即吾人欲認知之真理，則不能不先承認思惟原理上之某種妥當性。欲知正邪之絕對標準，不能不先承認道德規範之某種妥當性。卽美感若不僅以主觀滿足爲條件，則亦不能不承認美之普遍條件。故經驗的材料不過爲求得此種方式之機會。而非其基礎。吾人得於此種材料中其適合於條件者則選出之，其不合者則棄之，以主義統御材料，非從材料中求出主義。惟然而規範之爲先天的，自身的妥當之原則始可成立，而心理學派之非難亦無可置喙矣。

或者更有舉其非難之辭以爲真善美之規範既爲吾人知情意之理想上之豫定目的所制約，則此所爲目的亦一豫想也。更何以異於浪漫派之玄學的豫想？吾人於此有二義可答，其一浪漫派之豫想爲物皆如是而此方法之豫想則爲純粹之「或然」。不採用者不必强之，此方法上之所以較浪漫派爲細密也。第二此種豫想名爲「或然」而事實上之或然證明爲不可能（蓋普遍二字不能成事實）而與普通之所謂「或然」者其性質有異。吾儕之人文活動實依此信念而始成立，雖曰豫想而實必然的豫想也。

（十五）

然則德國西南派之對於物然說，理然說卽非價値論與汎價値論之態度果如何？

對於物然說，則與康德取同一之態度，蓋從科學範圍內之先天原理卽因果律永存律言之，則徹底的機械論實爲物然說自然之結果。若欲以科學原理而爲目的論，則自滅而已。然先天、原理，不僅限於科學、範圍、之內，蓋此世界不僅爲實在之模寫，實依雜多之感覺依各種先天原理而成形，故另有一種普遍妥當之原理。卽另得成一種世界。卽不能以科學之世界觀爲唯一的，而抹殺其餘。故物然說者有一定之權利而不能不有一定之限界者也。

對於理然說，理然說之來源有二，其一爲理想之玄學化，其二爲宗教之體驗，而二者實互相聯絡以成。今且論前說：以理、性、之、規、範、爲（非僅吾一身之作爲）實世、界、永、遠、之、大、法、者、兼最確實最真純之良心體驗也。真純之良心必隨之以萬世不易之確信。經驗論者之說明良心僅以社會學的視之，則淺之乎言良心矣。彼以自然意識之對良心爲純個人的作用對社會集合意識之作用，是故一致於集合意識者爲眞，而反之則爲僞。一致於一般因有習慣者爲善，反之則爲惡。自普通之事實言，則此說之大部分果屬可通。雖然有大缺點，則社會之人文進化之動機是也。從來未曾意識之規範漸次新入於意識境內，而規範之內容可以豐富，此人文進化之徵也。而從前之集合精神之普遍評價法或次第解放。當是之時，乃有以個人或少數人之力對於多數之因襲爲不絕之反抗而文運以開。故若個人意識，事實上絕對受羣衆集合意識所支配，則進化之說爲不可能。而此個人果以何因緣得有勇气而敢與羣衆抗？此則非另有一種永遠存在之確信不可能矣。果也此種確信未必其果爲永久也，然「訴諸永遠」之良心。則實爲此人羣進步之根本。然則所謂起個人的良心隱然存在於人格之間；而爲超經驗的，絕對的，規範，實在者。

宗教上之所謂神，實不外此超個人的實在。故教中之所謂聖 Das Heilige 者非於真善美以外另有一種特質，而實爲此三者之超感的一切價值也。

此神之表象，宗教之生活，有時隨時代民族，個人等之特殊經驗而各異其形，且亦爲轉變的而非永久，然就其與玄學的實在之關係言。則其爲永久的理性生活或價值生活則一也。

故自良心或理性生活言，則規範之玄學化亦自然之勢，顧若以此理想卽爲宇宙之根柢而謂一切萬象一切現實卽爲此理想之發展或階段，則其說又誤。旣以規範爲一切現實之母，而現實之反於規範者乃爲規範所產生，此其義又何可解？古來以神爲宇宙本體而對於現實中反價值之現象存在，每爲種種之辨護，其結果乃無一成功。宗教之意識實以人類之罪惡爲前提，唯其爲罪惡也故解脫救濟之情熱始由之而起。是故現實之世界與價值之世界卽當（不許不）之世界與是（不可不）之世界，既非絕對的相反，亦不能謂之爲絕對的相同，故一元論爲吾人考察世界之根本豫想，而二元觀之事實，亦爲一切事實中之最確著者。辯證法之正反合，雖欲超出於此矛盾之上。然僅足爲記述的，而不能爲理解的說明的。此最後之疑問實超越於吾人認識範圍以外。

是故在批判哲學之地位言之，則以爲現實中之有價値與反價値之對立實爲不可否定之事實，顧吾人依理性及良心之體驗得開拓一自由之天地而爲純有價値之世界立一基礎。眞正之自由者爲普遍妥當之規範能自由無一毫阻滯支配吾人之知情意作用之謂（從心所欲不逾矩）思考，能不爲他動機所支配而專爲純粹之論理規範所支配，則自由也。行爲與志意，能不爲他動機所支配，而專爲倫理的規範所支配，則自由也。製作及觀賞能不爲他動機所支配而專爲美的規範所支配，則自由也自由云者廣義的「良心之支配」也。Herrschaft des Gewisseus 經驗意識受規範意識之決定者也 Bestimmung des empirischen Bewüsstseins durch das Normalbewusstseins 此自由之生活即永久之生活也。

惟規範爲永久妥當而自希臘以來所力求之眞在本體則此規範之謂也。轉變無常之生活，而經之以永久普遍之良心規範，其歆合若無間也，此則所謂自由也。故浪漫派哲學强是以爲當是其弊也而批判哲學，則求是與當之自然一致此則其不同者也。

敬啟

『民國專題史』叢書，乃民國時期出版的著名學者、專家在某一專題領域的學術成果。所收圖書絕大部分著作權已進入公有領域，但仍有極少圖書著作權還在保護期内，需按相關要求支付著作權人或繼承人報酬。因未能全部聯系到相關著作權人，請見到此説明者及時與河南人民出版社聯系。

聯系人　楊光
聯系電話　0371-65788063
2016年3月28日